AF532201

HÖSLE

GOMEZ DAVILA

ZU KLAMPEN

VITTORIO HÖSLE

Im Dialog mit Gómez Dávila

Gegenaphorismen, Variationen, Korollarien

zu Klampen

Inhalt

Für Ludwig Steinherr, Lyriker, Aphoristiker,
katholischen Hegelianer, in Freundschaft

»Wer ein Buch von Maximen kauft, kauft in Wahrheit zwei Bücher, denn vielleicht gibt es keine Maxime, die, wenn sie so umgewendet wird, daß sie das Gegenteil sagt, nicht eine ebenso evidente, und ebenso grundlose, Wahrheit verkündet.«

Notas 341

Vorbemerkung

2002 weilte ich zu Vorlesungen an der Javeriana, der Universität der Jesuiten, in Bogotá. Einer meiner zwei liebenswürdigen Gastgeber, Professor Dr. Alfonso Florez Florez, der Direktor des Philosophischen Seminars, brachte mich gleich am Abend meiner Ankunft in eine Buchhandlung, die Librería Nacional. In ihr lagen zahlreiche Exemplare der im Oktober 2001 erschienenen einbändigen Auswahlausgabe der »Escolios a un texto implícito« von Nicolás Gómez Dávila aus. Ich hatte diesen Namen erstmals um 1990 gehört, als mir Reinhart Maurer freundlicherweise seine Rezension der »Einsamkeiten« von 1987 zugeschickt hatte, der ersten Auswahl-Übersetzung der Aphorismen des Kolumbianers in irgendeine Fremdsprache. Zwar hatte ich, durch die Besprechung neugierig geworden, den Autor auf meine geistige Liste noch zu lesender Autoren gesetzt, aber, aufgrund anderer Verpflichtungen, doch recht weit unten und ihn weiter nicht verfolgt. Nun aber erinnerte ich mich, packte die Gelegenheit beim Schopf und erwarb mir sofort ein Exemplar. Einige Tage später fuhr mich mein anderer Gastgeber, Professor Dr. Vicente Durán Casas, der Dekan der Fakultät, den ich seit 1991 kannte und der mich eingeladen hatte, um die große Tudor-Villa des Denkers herum, die nach seinem und später seiner Frau Tode im Erdgeschoß nicht mehr bewohnt wurde, 2002 allerdings noch seine einzigartige Bibliothek beherbergte. Durán verdanke ich auch eine Einladung bei Gómez Dávilas Tochter, Rosa Emilia Gómez de Restrepo, die mir in ihrer Wohnung u.a. ein bisher noch unveröffentlichtes, auf Französisch verfaßtes Manuskript ihres Vaters aus der Zeit des Zweiten Weltkrieges zeigte.

Noch in der ersten Nacht las ich mich in dem erworbenen Buche fest und konnte kaum einschlafen. Es war nicht nur eine leichte Form von Höhenkrankheit, wie sie die meisten Touristen befällt, die in die mehr als in 2600 Meter Höhe gelegene Hauptstadt Kolumbiens reisen; einer Krankheit, zu der Schlafstörungen aufgrund von Hypoxie als verbreitetes Symptom gehören. Es war vielmehr die geistige Höhenluft dieses Buches, von der ich mich nicht losreißen konnte. Die unprätentiöse Brillanz seines Spanischs, die enorme Bildung, der Sinn für zahlreiche fundamentale philosophische Probleme, der feine ästhetische Geschmack, die subtile Religiosität, schließlich der intellektuelle Mut bei den Angriffen gegen die sonst nicht mehr hinterfragten Befindlichkeiten spätmoderner liberaler Demokratien begeisterten mich. Gleichzeitig empörte mich nicht etwa die Selbststilisierung als Reaktionär (denn es gibt Schlimmeres als zurückzuwollen, wenn man den Eindruck hat, die eigene Kultur habe sich in eine Sackgasse verrannt), aber doch der Hohn gegenüber dem Universalismus, der den moralischen Kern der Moderne ausmacht.

Was macht man in einer solchen Konfliktsituation? Ich begann noch in Bogotá, teils Schlußfolgerungen aus Gómez Dávilas Aphorismen niederzuschreiben, teils diese zu variieren und zu verallgemeinern, teils gegen sie explizite Gegenaphorismen zu verfassen. Der deutsche Brauch, Festschriften für verdiente Kollegen zu verfassen, gab mir Gelegenheit, bis 2020 in fünf Beiträgen immer wieder zu den »Escolios« zurückzukehren und an meiner gegenaphoristischen Antwort weiterzuarbeiten.[1]

---

[1] Die Texte wurden erstmals publiziert als: 1. Variationen, Korollarien und Gegenaphorismen zum ersten Band der »Escolios a un texto implícito« von Nicolás Gómez Dávila, in: Die Ausnahme denken. Festschrift zum 60. Geburtstag von K.-M. Kodalle, hg. von C. Dierksmeier, 2 Bde., Würzburg 2003, II, 149–163 (spanische Übersetzung in: Vittorio Hösle, El

Sie liegt nun hier in Gänze vor, begleitet von einer Einleitung, die kurz in Gómez Dávilas Rezeption, sein Leben, seine Bibliothek und sein Werk einführt, allerdings mit Ausnahme der »Escolios«, um die es ja im Hauptteil dieses Buches geht. Ich suche den »impliziten Text« anzudeuten, der in den Scholien vorausgesetzt, aber nicht expliziert wird, um deren Verständnis zu erleichtern, und nenne einige seiner Quellen, die sehr zahlreich sind, aber bisher nur unzureichend erforscht wurden, weil der Autor sie fast nie zitiert. Die Abschnitte über die »Notas« und die »Textos« sind die originellsten Beiträge dieses Buches.

Auch wenn Gómez Dávilas Werk inzwischen ganz auf Deutsch vorliegt, benutze ich als Ausgangspunkt meiner Gegenaphorismen ebenso wie bei den Zitaten in der Einleitung stets meine eigene Übersetzung. Ich danke dem Karolinger-Verlag, der sich

---

tercer mundo como problema filosófico y otros ensayos, Bogotá 2003, 97–111); 2. Variationen, Korollarien und Gegenaphorismen zum zweiten Band der »Escolios a un texto implícito« von Nicolás Gómez Dávila, in: Kritische Theorie zur Zeit. Für Christoph Türcke zum sechzigsten Geburtstag, hg. von O. Decker und T. Grave, Springe 2008, 94–108 (italienische Übersetzung in: Nicolás Gómez Dávila e la crisi dell'Occidente, hg. von F. Meroi und S. Zucal, Pisa 2014, 67–84; spanische Übersetzung in: Eikasia. Revista de Filosofía 77 [Octubre 2017], 124–139 [online]); 3. Variationen, Korollarien und Gegenaphorismen zum ersten Band der »Nuevos escolios a un texto implícito« von Nicolás Gómez Dávila, in: Gott und Denken ... Für F. Hermanni zum 60. Geburtstag, hg. von Ch. König und B. Nonnenmacher, Tübingen 2020, 437–455; 4. Variationen, Korollarien und Gegenaphorismen zum zweiten Band der »Nuevos escolios a un texto implícito« von Nicolás Gómez Dávila, in: Christlicher Humanismus. Festschrift für Sigmund Bonk, hg. von S. Biber und V. Neumann, Regensburg 2019, 151–163; 5. Variationen, Korollarien und Gegenaphorismen zu den »Sucesivos escolios a un texto implícito« von Nicolás Gómez Dávila, in: Senex non semper optimus, senectus autem optima. Festschrift zu Ehren des 90. Geburtstags von H. Holz, hg. von M. Woesler, Bochum 2020, 185–210. Der Leser wird erkennen, daß die letzten drei Texte unter Trump geschrieben sind.

um die Verbreitung des Werkes des Kolumbianers große Verdienste erworben hat und dem dieser die Rechte für die Übersetzungen in sämtliche Sprachen übertrug, für die freundliche Erlaubnis, es zu tun. Besonderen Dank schulde ich Rosa Emilia Gómez de Restrepo für die Einladung und Beantwortung meiner Fragen 2002, Juan Fernando Mejía Mosquera für höchst kompetente Auskünfte zu Gómez Dávila zwanzig Jahre später sowie Vicente Durán und Alfonso Florez für die sorgfältige kritische Lektüre dieser Einführung.

Einführung

1. Der Mythos

Einer der Gründe für den erst in seinen letzten Lebensjahren einsetzenden, seitdem kontinuierlich zunehmenden Ruhm Nicolás Gómez Dávilas ist sicher die Tatsache, daß er zu den wenigen Intellektuellen des 20. Jahrhunderts gehörte, denen dieser gleichgültig war. Und dies, obgleich er ihm erstens gebührte und er zweitens sehr genau wußte, daß er ihm zukam. Aber er war teils zu religiös, teils zu stolz, um eitel zu sein. Warum sollte ihn die Rezeption seines Werkes zu seinen Lebzeiten interessieren, wenn er sich dessen sicher war, daß es ihn überleben würde und, viel wichtiger noch, daß er die ihm von Gott gesetzte Aufgabe erfüllt hatte? Es wäre zwar absurd, seine Abstinenz vom Kulturbetrieb subjektiv als eine besonders listige Weise zu deuten, schließlich doch das Weltinteresse zu wecken. Aber objektiv ist sein Erfolg zweifellos auch mit seiner radikalen Andersheit gegenüber einer Welt inzwischen an globale Standards angepaßter intellektueller Selbstvermarktung zu erklären, die es kaum glauben mag und in Erregung dadurch versetzt wird, daß es noch jemanden gibt, der nicht wie sie funktioniert. Mindestens ebenso wie sein Werk hat die Persönlichkeit Gómez Dávilas, seitdem sie bekannt wurde, das Publikum in Bann geschlagen.

Die Verbürgerlichung, Professionalisierung und Professorisierung der Philosophie mag, wie so vieles am sogenannten Fortschritt, ihre guten Gründe gehabt haben. Und doch wird man den Verdacht nicht los, mit den philosophischen Charakterköpfen aus Antike, Mittelalter und früher Neuzeit sei der Philosophie etwas verlorengegangen, was durch alle Wunder des heutigen Universitäts- und Kongreßbetriebs noch nicht ganz wettgemacht worden ist. Und ein solcher Charakterkopf schien in diesem exotischen, geistesaristokratischen Philosophen aus einem fernen Land in den Anden wiedererstanden zu sein, der nur zweimal sein Heimatland verließ; der Autodidakt war, keinen Studienabschluß vorzuweisen hatte (denn »ein Zahnarztdiplom ist respektabel, ein philosophisches grotesk«, E I 164) und nie an einer Universität unterrichtete; der an einem vorkonziliaren Katholizismus festhielt und für viele Ideen der Moderne nur Verachtung übrig hatte; der einen großen Teil seines Lebens in seiner exquisiten Privatbibliothek, am Ende mit etwa 30.000 Bänden in vielen Sprachen und mit zahlreichen Erstausgaben, verbrachte; der in dieser gewaltigen, aber anders als bei Jorge Luis Borges' Bibliothek von Babel endlichen und geordneten Bibliothek nach ausgiebigen, fast die ganze europäische Geistesgeschichte erfassenden Lektüren ohne jeden Zeitdruck seine kurzen Texte schrieb, und zwar auf Spanisch, auch wenn seine stilistischen Vorbilder offenkundig Franzosen wie Michel de Montaigne, François de La Rochefoucauld, Nicolas Chamfort oder Antoine de Rivarol waren; der zwei seiner drei Bücher nur als Privatdrucke für Freunde herausbrachte und dessen sehr spätes Erleben der ersten Phase des Ruhms ein Zufall war.

Es ist dagegen schwerlich ein Zufall, daß einer seiner ersten Rezipienten in Deutschland Botho Strauß war, dessen Leiden an der metaphysischen Öde und penetranten Geistlosigkeit der Gegenwart unter allen deutschen Schriftstellern vermutlich am aufrichtigsten und keinesfalls Pose ist. In seinem Nachwort zu Georges Steiners »Von realer Gegenwart« (1991) finden wir nach einer scharfen Polemik gegen eine »Thersites-Kultur (...), für deren Verbreitung die deutsche Intelligenz nach dem Krieg ihr Bestes gab, Zug um Zug häßlicher und liebloser werdend«, den apotropäischen Rückgriff auf den noch weitgehend unbekannten Kolumbianer, aus dessen gerade erstmals auf deutsch erschienenen Aphorismen er ausgiebig zitiert. Er sei »einer der großen spirituellen Reaktionäre«, und das sei gleichbedeutend mit »ein unbeirrter Zeitfremdling, voll scharfsinniger Frommheit«.[1] Weiter ging der Katholik Martin Mosebach, der selber nach Kolumbien reiste und dessen persönliche Besuche bei Gómez Dávila gleichsam spätmoderne Äquivalente von Pilgerfahrten ins Heilige Land waren: »Ich war Tausende von Kilometern zu ihm gereist; am ganzen Kontinent Südamerika interessierte mich er allein, und auch in Kolumbien würde für mich nur bedeutsam sein, was mit ihm in Verbindung stand« (2005, S. 7f.). Der Weise von Bogotá war ihm ein »Einsiedler von der Art der großen Wüstenväter« (S. 10). Diese Aussage ist angesichts seiner Gegenstellung zur gegenwärtigen Kultur auf den ersten Blick verständlich; allerdings hinkt der Vergleich aus zwei Gründen. Erstens waren die Wüstenväter durchaus die Avantgarde ihrer Zeit und hatten die Zukunft der nächsten Jahrhunderte ganz auf ihrer Seite; sie waren alles andere als Reaktionäre. Und zweitens hatten ihre Zellen (um von den Kapitellen der Säulen der Styliten zu schweigen) nicht ganz den Komfort einer Tudor-Villa aufzuweisen.

Auch wenn die Anerkennung der Originalität der schriftstellerischen und philosophischen Leistung Gómez Dávilas in Deutschland begann, war das nur der Anfang seiner internationalen Rezeption. Nicht nur in Kolumbien, auch in Spanien und anderen spanischsprachigen Ländern wird er heute ausgiebig studiert. In Italien erreichte er eine der deutschen vergleichbare Popularität auch außerhalb philosophischer Fachkreise: Der Mittelalter-Historiker Marco Tangheroni etwa ließ sich bei seinem Buch zu der Methodologie der Geschichtswissen-

[1] Der Text ist wiederabgedruckt in: Strauß, 1999, 37–53; ebd. 47f.

schaften von 2008 von Aphorismen Gómez Dávilas inspirieren. Auch ins Französische, Niederländische, Polnische, Ungarische wurde er übersetzt – nicht zufälligerweise Länder mit dominierender, zumindest beträchtlicher katholischer Bevölkerung. Auf Englisch findet man einige Übersetzungen im Internet; aber das einzige Buch mit einer Auswahl seiner Aphorismen auf Englisch (neben dem spanischen Original) erschien in Kolumbien. Von einer ernsthaften Rezeption in der angelsächsischen Welt kann daher keine Rede sein. Darf man das als Anzeichen einer geistigen Provinzialität deuten, wie sie Gómez Dávila den USA zuschrieb, wo er allerdings nie war?

2. Das Leben

Gómez Dávila wurde am 18.5.1913 in Bogotá geboren, wo er am Tag vor seinem einundachtzigsten Geburtstag verstarb. Er entstammte einer einflußreichen und vermögenden kolumbianischen Familie; der Großvater war General, der Vater Unternehmer und Bankier gewesen. Ja, er war Ururenkel Antonio Nariños (1765–1824), der 1794 durch seine Übersetzung der französischen Erklärung der Menschen- und Bürgerrechte die Unabhängigkeit der spanischen Kolonien vorbereitete, Präsident des kurzlebigen unabhängigen Freistaates von Cundinamarca war (mit Bogotá als Hauptstadt) und in der letzten Strophe der heutigen kolumbianischen Nationalhymne als Prediger der Menschenrechte gepriesen wird – also einer Angelegenheit, die seinem Nachkommen weniger am Herzen lag. Am Ort des Hauses, in dem Nariño geboren wurde, steht seit 1908 der Amtssitz des kolumbianischen Präsidenten, die Casa Nariño. Etwa 1920 zog die Familie nach Paris, von wo Nicolás erst 1936 zurückkehrte, später als seine Eltern. Er wurde in einer Benediktinerschule erzogen, für einige Jahre wegen einer Lungenerkrankung von

Privatlehrern zu Hause. Er erwarb in dieser Zeit seine bedeutende Kenntnis der beiden antiken und der wichtigsten modernen europäischen Sprachen (außer des Russischen, dafür später auch des Dänischen), u.a. durch regelmäßige Sommeraufenthalte in Großbritannien. Die europäische Literatur und Philosophie las er somit im Original. Die französische Sprache wurde ihm zur zweiten Muttersprache – seine Tochter berichtete mir, selbst gebetet habe er bis zum Ende seines Lebens nicht auf Spanisch, sondern auf Französisch.

Eine katholische Erziehung im Frankreich der 1920er Jahre war unweigerlich vom *Renouveau catholique* beeinflußt, der schon im 19. Jahrhundert als gegen die Aufklärung und Französische Revolution gerichtete Reaktion einsetzte und seit Ende des 19. Jahrhunderts sich zumal gegen den Positivismus wandte. Ganz in diesem Sinne lesen wir bei Gómez Dávila, das stärkste Argument für das Ancien Régime sei die Französische Revolution (N 113), »die Katastrophe von 1789« (N 198); und ihre größten Erfolge habe die objektivierende wissenschaftliche Psychologie nur als Psychopathologie eingefahren (N 81), denn alles Wesentliche zum Menschen fänden wir schon bei den Griechen und in der Bibel (N 237). Politisch eine sehr heterogene Bewegung (er umfaßte Sozialisten wie Charles Péguy und Faschisten wie Charles Maurras), hatte der *Renouveau catholique* doch im Affekt gegen die Moderne, die als zu individualistisch und als Jahrhundertealten Traditionen gegenüber zerstörerisch empfunden wurde, einen gemeinsamen Nenner. Und doch ist der *Renouveau catholique*, anders als die Neuscholastik, eine durch und durch moderne Bewegung. François-René de Chateaubriand, einer ihrer ersten Vertreter, war einer der bedeutendsten Romantiker – der Fokus auf die eigenen Empfindungen ist ihm viel wichtiger als die Erarbeitung einer metaphysisch konsistenten Theorie von Gott (vgl. N 123). Bezeichnet sich jemand als

»authentischen« Reaktionär, wie Gómez Dávila im Titel eines Aufsatzes, so hat er, ob er es weiß oder nicht, einen zentralen Begriff der Moderne adoptiert.[2]

In der Tat ist Gómez Dávilas Katholizismus, anders als derjenige der naiven französischen Gegenaufklärer Joseph de Maistre (1753–1821) und Louis-Gabriel-Ambroise de Bonald (1754–1840) oder des großen spanischen Antiliberalen Juan Donoso Cortés (1809–1853), mit dem er oft verglichen wird, alles andere als eine schlichte Form von Traditionalismus, den er als explizite politische Doktrin ablehnte (N 69, 397), auch wenn er betonte, daß Originalität nur innerhalb einer geistigen Tradition gedeihen könne (N 310). Er hat etwa Nietzsche sehr genau und voller Bewunderung gelesen und ist ihm als Psychologe kaum unterlegen.[3] Man denke etwa an seinen Aphorismus zu den klebrigen und schmierigen Lastern, die, anders als die theatralischen, von der professoralen Ethik aus Scham ignoriert würden (N 152 f.), oder an seine Bemerkung, jeder könne, wie Prokop über Justinian, neben der offiziellen Historie auch eine geheime Skandalgeschichte über sich selbst verfassen (N 168). Wie Thomas Mann betrachtet er den Geist als eine Krankheit des Lebens (N 357). Ja, auch gegenüber der Kirche wendet er die psychologische Betrachtungsweise an (etwa in der Verspottung der urchristlichen Millenaristen, N 230), gibt ihr aber immer wieder eine überraschende Wendung. So räumt er freimütig ein, nicht wenige der katholischen Heiligen hätten ernste psychische Probleme gehabt, preist aber die Kirche, die diesen Menschen einen

---

2 Vgl. Lionel Trilling, 1972, der »authenticity« als modernen Erben des früheren Begriffs »sincerity«, also »Aufrichtigkeit«, analysiert. Zu dieser schreibt Gómez Dávila treffend, immer aufrichtig zu sein bedeute manchmal, dem eigenen Leben gegenüber unaufrichtig zu sein (N 253).

3 Vgl. Alfredo Abad, 2017.

Weg wies, wie sie trotzdem Großartiges leisten konnten, statt sie in einem hygienischen Sanatorium wegzusperren (N 247; vgl. 353). Das nimmt Foucault vorweg und übertrifft ihn zugleich. Oder er gibt zu, der Katholizimus sei widersprüchlich und absurd – ganz so wie das Leben (N 348). Das Meßopfer weise auf die Altsteinzeit, und die Offenbarung komme nicht kompakt von außen, sondern ergebe sich nur in langsamen geschichtlichen Prozessen (N 433). Die Schönheit der Figur der Heiligen Jungfrau verdanke sich sowohl den heidnischen Göttinnen, die sie beschwöre oder ersetze, als auch der Art und Weise, wie sie sie transzendiere (N 432).

Man mag Donoso Cortés wegen seines asketischen Lebenswandels vorziehen; nicht nur stilistisch, auch intellektuell kann er Gómez Dávila das Wasser nicht reichen. Mit den modernen anthropologischen Theorien der Genese der Religion ist dieser ebenso vertraut wie mit Sigmund Freud. Er kennt das Labyrinth der menschlichen Seele mit ihren schlafenden Fledermäusen (N 449); und über Sexualität spricht er präzise und ohne katholische Hemmungen. »Jeder Pädagoge ist ein verschämter Päderast.« (N 428) Die großen Scholastiker dagegen mochte er nicht und kannte er kaum. Er bewegte sich viel leichter in der Antike und in der Neuzeit ab dem 16. Jahrhundert als im Mittelalter. Und doch ist die Gómez Dávila eigentümliche Form der Gegenaufklärung keineswegs nihilistisch, wie die seines Zeitgenossen Emil Cioran (1911–1995), oder eine Instrumentalisierung der Religion für politische Zwecke, wie beim agnostischen oder sogar atheistischen katholischen Nationalisten Maurras (1868–1952). Jeder Nationalismus war Gómez Dávila fremd (man denke nur an sein vernichtendes Urteil über die Kolumbianer, N 225), da ihm sein Vaterland die Intelligenz war (N 391), und an seiner Religiosität ist nicht zu rütteln. Das einzige, was er nie bezweifelt habe, sei die Existenz Gottes (N 174), hingegen durchaus die Unsterblichkeit der Seele (N 182).[4] Er sei nämlich sinnlich, skeptisch und religiös (N 332 f., 345). Auch vertritt er, wie wir noch sehen werden, einen klaren Wertrealismus. Doch spielen innerhalb seines Wertsystems zentrale moralische Werte nicht nur der Moderne, sondern auch des Katholizismus, wie etwa die Gerechtigkeit, nicht die geringste Rolle. Gómez Dávila ist gegenüber der Tradition anders, aber nicht weniger selektiv als der von ihm gehaßte nachkonziliare Katholizismus.

Kurz nach seiner Rückkehr nach Kolumbien heiratete Gómez Dávila 1937 María Emilia Nieto Ramos, die ebenfalls aus der Oberschicht des Landes stammte und ihm eine Tochter und zwei Söhne gebar. Seine Frau war in Wahrheit schon verheiratet gewesen, aber es gelang ihr, eine kirchliche Annullierung der ersten Ehe zu erhalten. (Man riskiert nicht viel mit der Vermutung, ihr sozialer Status sei auf eine größere Milde der kirchlichen Tribunale gestoßen.) Mit seiner Gattin unternahm Gómez Dávila 1949 eine längere Autoreise durch Europa, das zweite und letzte Mal, das er Kolumbien verließ. Sie überzeugte ihn, daß Europa nur noch von seiner Vergangenheit lebe (N 267). Sein eigenes Leben war das eines sich stets weiterbildenden vermögenden Gentlemans, der das antike Ideal des »otium cum dignitate«, der würdevollen Muße, pflegte. Zwar stimmt es nicht, daß er keine wirtschaftlichen Aktivitäten ausübte – mit Unterbrechungen saß er von 1944 bis 1964 im Aufsichtsrat der von seinem Großvater und seinem Vater eröffneten Bank. Er wirkte beratend mit bei der Gründung der privaten Universidad de los Andes, heute eine der besten Lateinamerikas. Auch war er gelegentlich in staatlichen Kommissionen tätig. Anscheinend

---

4 Innerhalb meiner triadischen Typologie von Grundtypen der Gegenaufklärung (1987) gehört Gómez Dávila dem zweiten Typus an.

lehnte er Angebote der Ernennung zum Berater des Präsidenten und zum Botschafter ab, angeblich sogar den Vorschlag, selber als Staatspräsident zu kandidieren.[5] Doch vermutlich geht die letztere Anekdote auf die Tatsache zurück, daß dieser Antrag 1958, vergeblich, seinem Halbbruder Hernando Gómez Tanco gemacht wurde. Einsam war er keinesfalls. Nicht nur war er Familienmensch mit zahlreicher Dienerschaft, er hatte einen weiten Freundeskreis, in dem er »Don Colacho« genannt wurde und mit dem er sich regelmäßig zu *tertulias* traf, war ein im Jockey-Club aktiver Herrenreiter, der aufgrund eines Reitunfalls hinkte, und verbrachte gerne Zeit in seiner Hacienda in Soacha unweit von Bogotá. Kurz, er führte eine Existenz, wie sie die reiche Oberschicht des Bürgertums auch in Europa bis zum Ersten Weltkrieg liebte und nach der heutige Intellektuelle eher Nostalgie zu empfinden scheinen als nach derjenigen der Wüstenväter.

[5] Diese Anekdote findet man u.a. bei Mosebach, 2006, 101. Aber José Miguel Serrano Ruiz-Calderón, 2015, 49 f., der sich in seiner Monographie als einer der ersten mit historischen Quellen wie Zeitungsartikeln aus den 1930er Jahren beschäftigt hat, hält das mit guten Argumenten für eine Legende. Auch wenn Mosebach das bedeutende Verdienst zukommt, einem größeren deutschen Publikum Gómez Dávila bekannt gemacht zu haben, erfüllen seine literarisch-hagiographischen Berichte nicht immer die Standards historischer Präzision. So ist seine Aussage, sein Held habe mit 20 Jahren geheiratet (2005, 7), falsch. Leider fehlt immer noch eine ernsthaften historischen Ansprüchen genügende Biographie. Es wäre klug, mit der Arbeit an ihr zu beginnen, bevor alle Kinder verstorben sind. Da bisher keine Briefe von Gómez Dávila veröffentlicht worden sind (vielleicht weil er nur wenige geschrieben hat?), weiß man nicht viel Sicheres über sein Leben.

Aber das, was ihn von seinen Standesgenossen unterschied, die er als Klasse verachtete (kaum ein Marxist hat sich so vernichtend über die Bourgeosie geäußert), war nicht so sehr der Besitz seiner außerordentlichen Bibliothek (denn diese kann auch ein Ersatz für Denken sein, N 166, und Bücher wissen, daß man sie nicht einfach kaufen kann, N 419) als vielmehr die höchst intensive Aneignung ihrer geistigen Schätze. Und doch ist zuzugeben, daß der Reiz der Existenz dieses Mannes nicht einfach in der Präsenz großer Teile der Tradition des Abendlandes in seinem Geiste bestand, sondern durchaus auch in der physischen Gegenwart dieser Ideen in physisch anziehenden, oft auch bibliophil wertvollen Ausgaben. Die Bibliothek war sein Lebensraum – als er erkrankte und nicht mehr die Treppe benutzen konnte, wurde sein Bett in das Erdgeschoß in die Bibliothek gebracht, wo er zwischen seinen Büchern starb.[6] Zwar konnte ich 2002 die für das Publikum unzugängliche Bibliothek nicht betreten, aber seine Tochter gab mir den Katalog zur Durchsicht, bei dem mir das Wasser im Munde zusammenlief. Da sich angesichts ihres hohen Preises noch kein Käufer gefunden hatte und da ich an einer der vermögendsten Privatuniversitäten der USA, der katholischen University of Notre Dame in Indiana, unterrichte, schlug ich sofort nach meiner Rückkehr meiner Universitäts-Bibliothek vor, einen Kauf zu prüfen. Das Interesse war da, aber als ich meine jesuitischen Freunde in Kolumbien davon informierte, war die Reaktion ein Tadel: Sei dies mein Dank für die Gastfreundschaft des Landes, daß ich versuchte, einen derartigen kulturellen Schatz aus dem Lande zu schaffen? Beschämt mußte ich ihnen recht geben und verfolgte die Angele-

---

6 Vgl. Adolfo Meisel Roca 2008, 215.

genheit nicht weiter. Es dauerte allerdings noch neun Jahre, bis der Großteil der Bibliothek in der Biblioteca Luis Ángel Arango in Bogotá als Fondo Nicolás Gómez Dávila aufgestellt werden konnte, einer der bedeutendsten öffentlichen Bibliotheken Lateinamerikas, die der kolumbianischen Zentralbank gehört. Sie ist nach deren ehemaligem Direktor benannt, der ein starker Befürworter öffentlicher Bibliotheken gewesen war. Ich bin mir zwar nicht sicher, ob Gómez Dávila über die derzeitige Aufstellung seiner Bibliothek glücklich wäre (vielleicht hätte er Notre Dame vorgezogen), aber ich hege keinen Zweifel daran, daß dies der moralisch richtige Ort für sie ist – auch wenn ich mich beim Verfassen meiner Gegenaphorismen manchmal bei dem Gedanken erwischte, es wäre angenehm, jene mythische Bibliothek in Laufnähe zu haben.[7] Selbst das Pflichtbewußtsein tilgt Neigungen nicht.

Der Fondo Nicolás Gómez Dávila besteht aus 27.582 Bänden, aber nur 16.935 Titeln, weil viele Werke mehrbändig sind. Deren große Mehrzahl, 7106, ist auf Französisch, es folgen englische (4937) und deutsche Titel (2816). Nur 718 sind auf Spanisch, 69 auf Portugiesisch, das vom Italienischen, Lateinischen und Griechischen übertroffen wird. (Nur die Griechen, zumal Homer, könnten von der Vulgarität und Barbarei der Moderne befreien, lesen wir N 210 und 263.) Ein besonderes Interesse an Lateinamerika hatte der Sammler offenbar nicht; in der Tat fehlt in seiner Bibliothek sogar das berühmteste Buch der kolum-

---

7 Einen guten Überblick über die Bestände der Bibliothek gibt Michaël Rabier, 2015, dem ich die folgenden Informationen entnehme. Zu der komplizierten ökonomischen und rechtlichen Situation der Bibliothek vor dem Verkauf siehe Halim Badui Quesada, 2007, der auch auf das Schicksal einer anderen bedeutenden kolumbianischen Privatbibliothek eingeht, diejenige von Bernardo Mendel. Diese befindet sich nun tatsächlich in den USA (und zwar in Bloomington, Indiana, in der Lilly Library).

bianischen Literatur, die »Cien años de soledad« (»Hundert Jahre Einsamkeit«) seines Zeitgenossen, des Nobelpreisträgers Gabriel García Márquez. Dafür enthält sie drei Inkunabeln und zahlreiche Klassikerausgaben des 16. und 17. Jahrhunderts, 390 Bände der griechischen und lateinischen »Patrologia« Mignes, aber durchaus auch viele moderne Autoren, wie Schopenhauer, Marx, Engels, Nietzsche, Heidegger, Bertolt Brecht oder James Joyce. Auffallend ist, daß die Bücher ohne Marginalien sind; auch Exzerpte aus ihnen sind nicht bekannt. Die Lektüren verwandelten sich offenbar direkt in das eigene Werk. Das hat die für den Philologen unerfreuliche Konsequenz, daß wir nicht genau wissen, was Gómez Dávila wirklich gelesen hat; denn angesichts der Größe der Bibliothek läßt sich nicht aus dem bloßen Besitz eines Buches auf dessen gründliches Studium schließen, und weitere Indizien fehlen in der Regel. Immerhin teilt uns der Katalog der Biblioteca Luis Ángel Arango mit, ob ein Werk aus dem Fondo Nicolás Gómez Dávila stammt. Das ist immerhin eine erste Spur.

4. Das Werk

Die Schmalheit des Œuvres, in das sich Gómez Dávilas Lektüren destillierten, fällt um so mehr auf, wenn man die Größe seiner Bibliothek bedenkt – es besteht aus nur drei Büchern. Immerhin soll nach ihm die Fülle von Werken umgekehrt proportional zum Stolz eines Autors sein (N 455). Das erste Werk sind die »Notas« (»Anmerkungen«), die von seinem Bruder angeblich ohne sein Wissen 1954 als Privatdruck für Freunde in Mexiko publiziert wurden. Da es nur noch sehr wenige Kopien dieser Ausgabe gibt, die ich nie in Händen hatte, muß ich mich auf die Sekundärliteratur verlassen, die das Buch manchmal mit »Notas I« zitiert, auch wenn ein zweiter Band nie erschien. Es handelt sich hierbei, wie beim Hauptwerk, um eine Sammlung hauptsächlich von Aphorismen[8] (von denen einige, manchmal überarbeitet, in den »Escolios« wieder erscheinen). Doch finden sich auch einige längere Texte, die man als kurze Essays bezeichnen könnte. Zwei Aspekte unterscheiden die »Notas« von den »Escolios«. Gómez Dávila spricht hier verhältnismäßig viel über sich, während er später sich hinter seinem Werk fast ganz verbirgt; ja, es finden sich auch persönliche Gebete. Und zweitens ist die Weltanschauung des Jugendwerkes, wenn man es so nennen darf (immerhin war der Autor schon vierzig, und wir wissen nicht, wann er mit der Arbeit daran begann), offener, suchender, freier als die des späteren, das engstirniger und wütender wirkt. Aber die Form ist dieselbe. Bevor aber Gómez Dávila sich letzterem zuwandte, publizierte er 1959, diesmal sicher er selber, aber ebenfalls in einem wenig bekannten Verlag, »Textos I« (»Texte I«). Ein zweiter Band erschien nie; insofern ist das Werk, das mit Abstand kürzeste, ein inneres Fragment. Es besteht aus zehn Kapiteln ohne Titel und sehr unterschiedlicher Länge (sie reicht von zwei bis dreißig Seiten). Diese haben eine gewisse Autonomie, doch ist die Ordnung, in der die Kapitel aufeinander folgen, keineswegs beliebig. Wenn Gómez

8 Ich bin mir dessen bewußt, daß Gómez Dávila den Terminus für sein Werk zurückweist (E I 15). Das hat, wie Werner Helmich, 2014, 434 f., gezeigt hat, wohl mit der Verwendung von »Aphorismus« in Francis Bacons »Novum Organum« in der Bedeutung von »*wissenschaftlicher* Lehrsatz ohne Beweis« und seiner Abwesenheit in der französischen und spanischen Literaturgeschichte bis weit ins 20. Jahrhundert hinein zu tun. Auch Ramón Gómez de la Serna, einer der wenigen spanischen Aphoristiker, lehnte ihn für seine Greguerías ab. Doch heute hat der Begriff sich von Bacons Gebrauch gelöst, auch wenn er schwer zu definieren bleibt. Wichtig an Helmichs gründlicher Studie von Form und Inhalt der »Escolios« ist auch die Bemerkung, der Aphorismus sei als Genre von konservativen Autoren bevorzugt worden (437 f.).

Dávila sich irgendwo systematischem Denken angenähert hat, so in diesem Buch (T 56). Zwar erkennt man bei der Lektüre, daß ihm das Verfassen längerer, zusammenhängender Texte viel weniger lag als dasjenige kurzer und pointierter. Argumentieren war seine Stärke nicht (Beweisen bedeute in der Philosophie einen Verlust an Zeit, die man lieber dem Denken widmen sollte, heißt es N 305), und die lyrisierende Sprache wirkt häufig bemüht. Man hat oft etwas vor sich, was weder Fisch noch Fleisch, weder Philosophie noch Poesie ist. Dennoch ist die Fülle an philosophischen Ideen enorm, und es gilt, dieses Buch bei jeder Interpretation seines Denkens gründlich zu studieren. Man hat suggeriert, »Textos I« bzw. die Kritik am Anthropotheismus in dessen sechstem Kapitel sei der implizite Text, auf den der Titel seines letzten und berühmtesten Werkes, »Escolios a un texto implícito« (»Scholien zu einem impliziten Text«), anspielt.[9] Das ist sicher eine Übertreibung, da Gómez Dávila den von ihm implizierten Text nie ganz expliziert hat; darauf weist schon die Unvollständigkeit der »Textos« selber. Für Franco Volpi (2005, 33) ist daher der implizite Text das nur imaginierte ideale Werk, das dem Autor vorschwebte. Aber es bleibt richtig, daß die dem Leser bewußt überlassene Aufgabe, diesen Text selbständig zu explizieren, an den »Textos« das beste Kontrollmittel hat. Widerspricht eine Interpretation der »Escolios« ausdrücklichen Aussagen der »Textos I«, verfehlt sie mit an Sicherheit grenzender Wahrscheinlichkeit die Autorintention. Das heißt jedoch keineswegs, daß die »Textos« alle legitimen Interpretationen vorgeben.

---

[9] Vgl. Lorena Cebolla Sanahuja 2014, 189 bzw. Rabier, 2020, 20 f., der einen Freund Gómez Dávilas, Francisco Pizano de Brigard, zitiert, der diese Deutung vom Autor selbst gehört haben will.

Bewußt die Öffentlichkeit gesucht hat Gómez Dávila erst mit den »Escolios«. Die ersten zwei Bände veröffentlichte er 1977, also im Alter von 64 Jahren; 1986 folgten zwei weitere Bände »Nuevos escolios a un texto implícito« (»Neue Scholien zu einem impliziten Text«). Ein letzter Band erschien 1992, als der Autor schon 79 Jahre alt war, als »Sucesivos escolios a un texto implícito« (»Fortgesetzte Scholien zu einem impliziten Text«). Zusammen macht das mehr als 10.000 Scholien aus. In der deutschen Gesamtausgabe von 2020 sind auch verstreute Scholien aus Zeitschriften aufgenommen worden, in denen Gómez Dávila sie gelegentlich veröffentlichte. Der Titel weist auf das im doppelten Sinne Fragmentarische des Werkes hin. Der eigentliche Text wird im Werk implizit gelassen; und was statt dessen geboten wird, ist nicht etwa ein ausführlicher Kommentar zu einem abwesenden Text, sondern nur Scholien. So heißen die kurzen Notizen zu – sei es sprachlich, sei es inhaltlich – schwierigen Stellen in antiken Manuskripten, die anders als Kommentare gewöhnlich von anonymen Verfassern stammen. Die Bezeichnung ist also einerseits Ausdruck von Bescheidenheit. Andererseits sorgt das Unbestimmt-Bleiben des eigentlichen Textes dafür, daß die Kreativität des Lesers angespornt wird und er sich in seiner Autonomie eher ernst genommen fühlt als der Leser eines Systems oder seines ausführlichen Kommentars. Ja, in einer Ära, die von Leo Strauss' Theorie des esoterischen Schreibens inspiriert ist, mag der Leser die tiefsten Einsichten im impliziten, nur angedeuteten Text vermuten und für den Autor eine Verehrung entwickeln, die diesem versagt bliebe, wenn er alle seine Karten auf den Tisch legen müßte. Auch deswegen sollte das Studium der »Textos« Voraussetzung wissenschaftlicher Arbeiten zu Gómez Dávila sein, weil hier wenigstens manche der Karten mit ihren Zinken (bzw. ohne Metapher, ihren Trugschlüssen) sichtbar werden.

»Notas« und »Escolios« folgen keiner auch nur halbwegs ersichtlichen Ordnung; aber es finden sich immer wieder Gruppierungen von zusammengehörigen Aphorismen (z. B. N 217 zur Ehe, N 248 ff. zur Lust, N 263 f. zur Bourgeoisie, 275 ff. zum Kommunismus, 293 f. zu den Frauen). Manchmal gefällt sich der Autor aber auch im Aneinanderreihen inkonsistenter Aphorismen (z. B. N 388). Die Tochter erklärte mir, nach ihrem Eindruck habe ihr Vater die Aphorismen einfach, wie sie ihm einfielen, niedergeschrieben und in der Reihenfolge ihrer Entstehung publiziert. Doch müßte dies anhand der Manuskripte und Typoskripte überprüft werden, die die Familie nicht vollständig zugänglich gemacht hat.[10] Till Kinzel schreibt zu Recht in der bisher einzigen deutschen, sehr informativen Monographie zu Gómez Dávila, die 2015 schon in vierter Auflage erschien: »Ein gravierender Mangel der Beschäftigung mit Gómez Dávila ist das Fehlen einer textkritischen Ausgabe des Gesamtwerkes.« (204)[11] Immerhin ist eine maschinenschriftliche Vorfassung der

---

10 Es ist sogar vermutet worden, die Urfassung einiger seiner Aphorismen und Texte sei auf Französisch erfolgt. Unentschieden diesbezüglich ist Rabier 2020, 37 f. – SE 138 findet sich ein französisches Scholion – aber es handelt sich dabei um ein (nicht als ein solches gekennzeichnetes, also nur dem Gebildeten erkennbares) Zitat aus Montaignes Essay »Des livres«, in dem der Autor erklärt, wie viele seiner Ideen aus Plutarch und Seneca entnommen sind. Der Witz besteht natürlich darin, daß das eigene Sich-Stützen auf die Klassiker, anders als bei Montaigne, selbst mittels eines Klassikerzitats ausgesprochen wird; Montaignes Aussage wird also potenziert. Deswegen ist der Aphorismus originell, auch wenn er nur aus einem Zitat besteht – der jedoch *als Zitat* etwas Neues darstellt.

11 Kinzel wies dort ferner auf das Desiderat einer Numerierung der einzelnen »escolios« hin. Diese findet sich nun in der deutschen Gesamtausgabe, aber eben nicht im Original. Weder die Originalausgaben der Werke noch die deutsche Übersetzung der »Textos« und »Escolios« haben Sach- oder auch nur Personenregister, was das Finden der einzelnen Stellen sehr erschwert.

»Escolios« erhalten, die weitgehend, aber nicht völlig identisch ist mit dem gedruckten Text. Besonders wichtig sind die Exzerpte, Anmerkungen, Bewertungen und kritischen Fragen von Ernesto Volkening, dem Gómez Dávila im Mai 1973 eine frühe Version der »Escolios« in Gestalt von sieben (nicht mehr auffindbaren) Bänden anvertraute – Volkenings Text ist eine erste Form dessen, was ich hier selbst versucht habe. 2020 wurde mit dessen Publikation begonnen (bisher sind nur zwei der fünf Hefte Volkenings erschienen, aber ein zweiter Band ist in Vorbereitung), und der Vergleich der früheren Fassungen der Scholien mit der endgültigen zeigt, wie sehr Gómez Dávila an ihnen gefeilt hat. Volkening (1908–1982) stammte aus Antwerpen, hatte in Deutschland Jura studiert, lebte aber seit 1934 in Bogotá, wo er die Psychoanalyse und die Filmkritik einführte und verschiedene Essaybände publizierte. Offenbar genoß er, trotz seiner Modernität, Gómez Dávilas Vertrauen und Respekt.

Neben diesen drei Büchern in sieben Bänden sind nur zwei Aufsätze Gómez Dávilas veröffentlicht worden, einer mit dem lateinischen Titel »De Iure« (»Vom Recht«) noch zu Lebzeiten, nämlich 1988, etwa zwanzig Jahre nach seiner Abfassung, ein weiterer, sehr kurzer, »El reaccionario auténtico« (»Der authentische Reaktionär«), erst postum 1995. Das französische Manuskript, das ich 2002 einsehen konnte (aber nicht kopieren durfte), zeigt, daß im Nachlaß mehr vorhanden sein muß. Ob Gómez Dávila sich selber gegen dessen Publikation ausgesprochen hat, weiß ich nicht. Die beiden Aufsätze sind ein guter Einstieg in das Denken des Kolumbianers, seine Licht- ebenso wie seine Schattenseiten. Die erste tritt, vermutlich überraschenderweise, im zweiten Text hervor, der den Reaktionär lobend von zwei Typen des Fortschrittsgläubigen absetzt, dem radikalen und dem liberalen (RA 16). Der erste – Gómez Dávila denkt offenbar an die Marxisten – identifiziert Vernunft und Geschichte und vertritt einen weitgehenden Determinismus. Gómez Dávila ignoriert freilich den wichtigen Unterschied, ob etwas für vernünftig gehalten wird, weil es sich in der Geschichte durchsetzen wird, oder ob umgekehrt davon ausgegangen wird, daß das aus inneren Gründen Vernünftige sich in der Geschichte durchsetzen muß, weil sich nichts der objektiven Vernunft entziehen kann. Dies ist bekanntlich die Position Kants und Hegels, die durchaus religiös inspiriert ist. Da Gómez Dávila sie nicht bespricht, ist die Begründung der eigenen Position unzureichend, denn sie erfolgt nur durch Ausschluß – aber eben nicht aller denkbaren Positionen.

Der liberale Fortschrittsgläubige geht dagegen davon aus, daß die Geschichte ein Reich der Freiheit sei. Man dürfe sich nicht mit deren angeblich notwendigem Verlauf abfinden, sondern müsse, zumal im revolutionären Akt, die eigene Freiheit manifestieren. Der Reaktionär dagegen verurteile die Richtung, die die Geschichte nehme, halte aber jeden Widerstand für aussichtslos. Doch lehne er es ab, sich auch innerlich mit ihr abzufinden und zu resignieren. Er protestiert, indem er seine Scholien verfaßt. Sein Bild der Geschichte verbinde Freiheit und Notwendigkeit. Es gebe freie Willensakte, die aber notwendige Konsequenzen hätten, die bestimmte Epochen formten. Diese hätten jedoch keine festgeschriebene Dauer – dies richtet sich wohl gegen Oswald Spengler, dessen geschichtsphilosophischer Pessimismus ansonsten dem Kolumbianer nahesteht. Eine Pflicht zu handeln bestehe nur, wenn das Gewissen die Prinzipien der eigenen Epoche billige (RA 18) – damit rechtfertigt Gómez Dávila seine politische Enthaltsamkeit. Richte sich der Fortschrittler nach der Zukunft, der Konservative nach der Gegenwart, so suche der Reaktionär nach Spuren des Göttlichen in der Geschichte und setze sich für historisch Chancenloses ein, weil es ihm nichts ausmache zu verlieren. Zwar mag man dem Reaktionär einen quietistischen Ästhetizismus vorhalten;[12] aber die Weigerung, sich dem Zeitgeist zu ergeben, selbst wenn man seinen Sieg für unwiderstehlich hält, hat durchaus etwas Nobles. Man denkt an Lukans Cato, von dem es in der »Pharsalia« I 128 heißt: »Victrix causa deis placuit, sed victa Catoni.« (»Die siegreiche Sache gefiel den Göttern, doch die besiegte dem Cato.«) Selbst wer die konkreten Werte Gómez Dávilas nicht teilt, kann die Ablehnung des »Reaktionärs« achten, sich opportunistisch den siegenden Bataillons der Geschichte anzuschließen. Man solle nicht für oder gegen die eigene Zeit, sondern außerhalb ihrer denken (N 86).

Schwieriger freilich wird die Sympathie mit ihm, wenn man sich dem rechtsphilosophischen Essay zuwendet.[13] (Immerhin läßt sich einiges erklären, wenn man bedenkt, daß Kolumbien seit 1948, wenn auch mit einigen Unterbrechungen, von Bürgerkrieg und Gewalt erschüttert wurde.) Der Autor beginnt mit einer knappen, aber durchaus kompetenten Darlegung des Gegensatzes zwischen Rechtspositivismus und Naturrechtslehre in der Geschichte des abendländischen Rechtsdenkens. Er gibt sich Rechenschaft über die Bedeutung der letzteren zumal bei Katholiken und Calvinisten, spielt allerdings die berühmte Paulusstelle (Römerbrief 2,14 f.) herunter und weist auf die Säkularisierung der Lehre in der Neuzeit hin, die bei Kant »ihren reinsten und edelsten Ausdruck« erreicht habe (DI 68). Doch ist seine eigene Position deren Gegenteil. Zwar erkennt Gómez Dávila die Irreduzibilität des Juridischen an, das dem Logischen analog sei, allerdings, anders als dieses, eine Dualität oder Plura-

12 Vgl. Frédéric Schiffter, 2013, 136.

13 Rechtsphilosophische Ideen spielen auch in den Aphorismen eine wichtige Rolle; und dortige Aussagen differenzieren das Bild. Nützlich ist der systematische Überblick über die gesamte Rechtsphilosophie Gómez Dávilas bei dem Juristen Hernán Alejandro Olano García, 2011.

lität von Subjekten voraussetze. Seine Grundlage sei der Vertrag, der eine doppelte Verpflichtung beinhalte – sowohl den Vertrag als auch das Vereinbarte zu respektieren (DI 74). Gerechtigkeit beziehe sich ausschließlich auf dieses formale Prinzip – materiale Schranken der Verträge gebe es nicht. Zwar sei die Sklaverei ausgeschlossen, aber alle anderen Vereinbarungen seien gültig, selbst wenn sie unter größter sozialer Ungleichheit zustande gekommen seien. Der Hungrige könne ja, wenn er mit den vorgeschlagenen Bedingungen nicht einverstanden sei, wählen zu sterben (DI 79). Das Naturrecht und gar die Menschenrechte seien zu Unrecht in den Rechtsraum eingeführt worden (DI 75). »Es reicht nicht, ein Parteiprogramm *soziale Gerechtigkeit* zu taufen, um Rechte zu legitimieren, die eine Menge nur deswegen einfordert, weil sie arm, dumm und häßlich ist.« (DI 78) Doch hat Gómez Dávilas Theorie insofern Momente einer naturrechtlichen Theorie, als er auch dem Staat jedes Recht abstreitet, die im vorstaatlichen Naturzustand geschlossenen ungleichen Verträge zu revidieren und etwa soziale Umverteilungen vorzunehmen. Der Staat dürfe sich nur darum bemühen, die bestehenden Vereinbarungen zu schützen; Appelle an ein darüber hinausgehendes Gemeinwohl seien illegitim, gleichgültig ob sie von einer absolutistischen Monarchie oder einer Demokratie ausgingen, die nichts sei als die Ausbeutung eines Volkes im Namen eines unterdrückten Pöbels (DI 82 f.). Denn nur Einstimmigkeit, keineswegs das bloße Mehrheitsprinzip, legitimiere Änderungen der bestehenden Vereinbarungen.

Gómez Dávilas Position scheint somit dem rechten Libertarismus einer Ayn Rand oder eines Murray Rothbard nahezustehen, die sich allerdings nicht in seiner Bibliothek finden – einer Position, die derjenigen der katholischen Soziallehre diametral entgegengesetzt ist. Aber es kommt noch schlimmer, weil Gómez Dávila historisch gebildeter ist als die beiden und daher auch noch das normative Minimum verwirft, das ihnen eigen ist. Er erkennt am Ende nämlich an, daß die meisten Vereinbarungen in der Geschichte keineswegs frei waren und das positive Recht nicht durch sie entstanden ist. Dieses habe sich vielmehr aus Gewohnheitsrecht entwickelt. Man denkt an Hume, doch ist die Deutung dieses ursprünglichen Rechts als zeitlichen Schemas der Verwirklichung des Juridischen an Kants erste Kritik angelehnt, die historistisch adaptiert wird. Um mehr als einen impliziten Konsens habe es sich meist nicht gehandelt, weil die Urhorde immer schon Recht und Sprache voraussetzen mußte, um zu funktionieren. Recht sei nichts als die Vergebung, die die vergangenen Verbrechen bedecke (DI 84).

Mit diesen muß man sich offenbar abfinden, und der Gedanke einer normativen Weiterentwicklung des positiven Rechtes nach den Maßstäben der Gerechtigkeit ist nur dann denkbar, wenn ihr *jeder* zustimmt. Und warum sollten das die Privilegierten tun, wenn sie denn reich, klug und schön sind und in eleganten Privatbibliotheken ungestört Bücher über die Brutalitäten der menschlichen Geschichte studieren und genießen können? Mehr noch als Gómez Dávilas Antipathie gegen die Demokratie, seine Herablassung gegenüber Frauen und sein Haß gegen den sozial engagierten modernen Klerus ist sein rechtsphilosophischer Essay (der im übrigen seine längste zusammenhängende Argumentationskette enthält) der eigentliche Grund, warum man von seinem Denken zwar lernen kann und soll – aber nur wenn man darauf auch mit Gegenaphorismen reagiert.[14]

---

[14] Einer der ersten in Deutschland, der das politisch Abgründige Gómez Dávilas herausgestellt hat, war Eberhard Geisler (2012). Er betont allerdings völlig zu Recht: »Selbstverständlich ist dieser Autor kein Faschist. Für den Faschismus fehlt es ihm sowohl an Faszination für die Technik als auch am plebejischen Zug, d.h. an der Verklärung von Masse und Nation.« (332) Zum Faschismus in Italien, Deutschland und Spanien vgl. N 273 f.

5. »Notas«

Um mit einem persönlichen Bekenntnis zu beginnen: Ich finde die »Notas« das faszinierendste der drei Bücher Gómez Dávilas. Man spürt hier einen außerordentlich gebildeten, intelligenten und noch suchenden Geist, bei dem nichts Repräsentationsgehabe ist, und der sich bei allem Stolz der eigenen Grenzen deutlich bewußt ist. Er widerspreche der Gegenwart nur deswegen, weil er sich auf die größten Geister der Vergangenheit stütze, also aus Demut (N 392). (»Schreibkraft der Jahrhunderte« ohne eigene Originalität, aber auf Kohärenz bedacht, nennt er sich in T 55.) Vermutlich ist er ehrlich, wenn er schreibt, das einzige Buch, für das er genügend Material hätte, wäre die Autobiographie eines Mittelmäßigen – wenn nicht leider zu deren Abfassung ebenfalls Talent erforderlich wäre (N 162). Denn »ich bin die Karikatur einer großen Intelligenz« (N 365). Er wolle kein eigentliches Werk hinterlassen – denn die einzigen, die ihn interessieren würden, seien gänzlich außerhalb seiner Reichweite –, sondern nur eine reine und unverwechselbare Stimme (N 467). Der Aphorismus sei ihm angemessen, da er abgeschlossen sei, bevor der Autor dessen Mediokrität entdecke (N 316).

Gleichzeitig betont er, Maximen seien, wie Memoiren, ein aristokratisches Genre (N 424). Und als Geistesaristokrat leidet er an der Flachheit der Gegenwart und hat Nostalgie für die Vergangenheit, »in der es noch einen reinen Stolz des Geistes gab, Manifestation eines unermeßlichen Ehrgeizes, der aber frei von Arroganz war, als auf das Höchste Anspruch zu erheben keine Demut ausschloß« (N 45). Sich nicht von dem Geschwätz der Umgebung beirren zu lassen, die höchsten Standards zu haben und dem eigenen Talent treu zu bleiben, auch wenn man es als rätselhaftes Geschenk empfindet, auf das man sich nichts einbilden darf (denn »es gibt keine größere Ungerechtigkeit als die Prädestination der Intelligenz«, N 52; vgl. 234): Das ist nur möglich innerhalb eines religiösen Rahmens, welcher Natur auch immer. »Jede Gesellschaft geht unter, wenn sie ihre Mythen beseitigt.« (N 45) Die Weigerung, sich mit einer trivialen Existenz abzufinden, erweckt unweigerlich den Argwohn der Mitmenschen, die Herausragendes und Mittelmäßiges, Gelungenes und Gescheitertes als gleichrangig ausgeben (N 47), jede Hierarchie einreißen (N 299) und damit Größe und Adel unmöglich machen (N 61, 439, 444). Die alte Gesellschaft wollte Herausragendes ermöglichen, die neue bezweckt die Zusammenarbeit aller zur Hervorbringung des Mittelmaßes (N 429). Sicher idealisiere der Reaktionär die Vergangenheit auf unhistorische Weise. Aber das Problem sei, daß selbst das Ideal, auf das die derzeitige Entwicklung hinwirke, abstoße (N 430).

Das Wesen des Adels bestehe darin, sich, obgleich die Anpassung vielleicht nicht nur zur Dummheit, sondern auch zum Glück führe (N 391), nicht an die unaufhaltsamen Entwicklungstendenzen der Moderne anzupassen. Denn diese nivelliere alles, beseitige damit auch das Volk, das nur noch in die Bourgeoisie aufsteigen wolle (N 263, 272), und unterwerfe die Natur vollständig den wirtschaftlichen Bedürfnissen des Menschen (N 267 f.). Heidegger dachte ähnlich und sah den Triumphzug der Moderne als Ausdruck des »Amerikanismus«. Gómez Dávila ist subtiler. Er erkennt die Überlegenheit der USA gegenüber Hispanoamerika neidlos an, auch wenn er, nicht viel anders als Alexis de Tocqueville, dem Lande eine Tyrannei vorhersagt, die allerdings das Produkt einer viel allgemeineren geistigen und sozialen Entwicklung sein werde (N 279 ff.). Das tiefe Gefühl der US-Amerikaner von der Bedeutung eines jeden einzelnen begünstige einerseits deren ernsthaftes Gewissen, lähme andererseits jede Ironie etwa gegenüber absurden religiösen Sekten und führe zu Provinzialismus und Arroganz der Prinzipien (N 60, 161). Geistlosigkeit sei mit großem wissenschaftlich-technisch-medizinischem Fortschritt durchaus vereinbar (N 103, 122, 154, 413), zumal die Mehrzahl der Menschen die fortschreitende Wissenschaft nicht mehr verstehe und in ein prälogisches Denken zurückfalle (N 206). Die Verbindung von Wissenschaft, Technik und Wirtschaft verändere das Welt- und Menschenbild radikal, führe zu zunehmender Urbanisierung und stelle nur immer mehr Mittel bereit, ohne normative Fragen zu beantworten (N 282 ff.). Man denkt an Arnold Gehlen und Hans Jonas.

Der Autor erklärt seine Aufzeichnungen ausdrücklich als Kompensation einer Unfähigkeit zu handeln. Sie entstammten dem Wunsch, aus seinem Schiffbruch den letzten Grund seines Lebens zu retten, nämlich den Wunsch zu begreifen, auch wenn sein steriler Geist nur wenige Funken und flüchtige Ideen produziere (N 49, 173) – die sich literarisch niederschlagen in »Anmerkungen, Glossen, Scholien« (N 50). Diese seien Ausdruck einer desorientierten Dialektik (N 51), der Mangel an Explizitheit allerdings auch eine Form des Respekts vor der Autonomie des Lesers (N 301, 318, 324, E II 349). Dieser müsse jedoch dem gleichen Diskursuniversum angehören, um Aphorismen zu verstehen (N 317).[15] Denkt Gómez Dávila an das Erfolgsgeheimnis der eigenen Aphorismen, wenn er schreibt, oft akzeptierten wir extreme Meinungen nur deswegen, weil wir vorher das entgegengesetzte Extrem gehört hätten (N 159)? Gleichzeitig ist er auf seinen kurzen und elliptischen Stil stolz, den er bei Pascal und Nietzsche vorgeprägt findet (N 56). (Die Nietzscheaner freilich seien Christi Rache an Nietzsche: N 62.) Der beste, und der schwierigste, Stil sei einfach (N 163, 180, 317), und Gómez

15 Zu den in den »Notas« reichlich reflektierten philosophischen Gründen der Wahl der literarischen Form ist grundlegend Juan Fernando Mejía Mosquera (2021).

Dávila ist sich dessen bewußt, daß sein eigener Stil nur durch die Nachahmung französischer Vorbilder in einer Sprache möglich geworden sei, die kulturell den anderen Sprachen Europas hinterhergehinkt habe (N 212 ff.), wie man am Genre ihres Meisterwerkes, des »Don Quixote«, sehe (N 365 f.). Stil sei Ausdruck nicht rhetorischer Techniken (N 219, 273), sondern einer Lebensform (N 139). Das gelte auch für die Philosophie (N 164, 241 f., 417, 443), die die Welt weder verändern noch begreifen, sondern Schutzzonen gegen die eigene Zeit bauen solle (N 182 f.). Wer nicht sein Leben denke und sein Denken lebe, mißbrauche seine Intelligenz als Spielzeug (N 363 f.).

Dem Aphorismus als literarischer Form der Philosophie ist am meisten entgegengesetzt das System; und daher wimmeln die »Notas« von Polemiken gegen systematisches Denken, die an Kierkegaard erinnern. Nichts sei leichter als das System (N 66 f.), das leblos und automatisch, ja willkürlich verfahre und das Denken verkruste (N 81, 107, 158). Und doch ist der Autor ein zu guter Psychologe, um nicht zu wissen, daß man häufig das für unwichtig erklärt, zu dem man selbst nicht fähig ist. Freilich offenbare nichts so sehr die Vulgarität einer Seele wie die Unfähigkeit, einen Gegner zu bewundern, oder gar wie der Haß gegen den, dem es geglückt ist, die Versprechen zu erfüllen, die wir als junge Menschen uns selbst vergeblich gegeben hätten (N 97). (Seine eigene Tendenz, seine Feinde zu loben, entspringe freilich mehr dem Stolz als der Nächstenliebe: N 178.) Deswegen erkennt er in anderen Aphorismen die Unvermeidlichkeit systematischen Denkens durchaus an und erklärt seine Abneigung dagegen zu einer rein persönlichen Idiosynkrasie (N 107 f., 140, 227). Aber was bedeutet Unvermeidlichkeit? Zwar habe die Moderne nicht unrecht, wenn sie das Wahre, Schöne und Gute durch die bloße Suche danach ersetze, aber dieses Ergebnis sei für die meisten schädlich, die eines stabilen

Systems bedürften (N 147 f.). Ist also das System nur ein notwendiger Trug? Und ist die letztliche Nicht-Mitteilbarkeit dieser Ansicht (denn ihre Mitteilung wäre sozial schädlich) vielleicht der Grund, warum die »Notas« fast ein halbes Jahrhundert lang nur als Privatdruck zirkulierten?

Und dennoch werden in dem Werk systematische Positionen sichtbar, die zwar nie so ausgearbeitet werden, daß man sie gründlich überprüfen kann – das war in der Tat außerhalb der intellektuellen Reichweite des Autors –, aber dennoch den Rahmen abstecken, innerhalb dessen Gómez Dávila denkt. Es handelt sich dabei um epistemologisch-ontologische, um ethische und um politische Grundüberzeugungen. Um mit den ersten zu beginnen, so hat der Autor ein klares Bewußtsein von der Dialektik von Realismus und Idealismus. Begreife man, daß die Wissenschaft nur dank des Geistes existiere, dann könne man den Geist nicht mehr in einem von der Wissenschaft konstruierten System verorten. Ja, der Realismus setze den absoluten Idealismus und den Glauben an die bei allen Widerständen letztliche Erfaßbarkeit der Wirklichkeit durch den Geist voraus (N 186 ff., 337 f.). Einen radikalen Dualismus von Geist und Materie lehnt er dabei ab (N 133, 333). Ganz im Sinne Husserls, der einen wichtigen Platz in seiner Bibliothek einnahm, schreibt Gómez Dávila, das Objektive sei nicht das, was außerhalb von uns sei, sondern das, von dem wir urteilen, es sei außerhalb von uns (N 296). Wie Husserl vertritt er den Primat der Intuition des einzelnen Gegenstandes, auch wenn er der Wissenschaft und der Metaphysik die Aufgabe zuweist, die externen bzw. internen Relationen zu erfassen (N 184 f.). Basis der Intelligenz bleibe zwar stets die Sinnlichkeit (N 342), doch gegen Dilthey verteidigt er die Idee der Selbstbegründung der Philosophie (N 431). Ganz cartesianisch heißt es, jede authentische Philosophie bilde sich gegen den, und zugleich mittels des, Skeptizismus (N 421).

All das ist noch kompatibel mit einer durchgehend rationalistischen Position; doch besteht vermutlich die wichtigste Differenz zu ihr darin, daß für Gómez Dávila nicht das Allgemeine des Begriffs, sondern das Individuum die eigentliche Realität ist (N 120). Deswegen denke Gott gerade nicht in allgemeinen Ideen (N 178), und wir liebten konkrete Wesen, nicht, wie Platon zu lehren scheint, deren Attribute (N 458, T 106). Das Christentum sei wesentlich eine Metaphysik des Konkreten (N 476). Man müsse das Unpersönliche der Vernunft durch das Persönliche des Geistes ersetzen (N 311) und den Monismus pluralistisch fassen (N 319; vgl. T 98). Gott Persönlichkeit zuzuschreiben bedeute, daß man den Sinn der Welt nicht als etwas fassen könne, das der erbärmlichen Persönlichkeit des Menschen unterlegen sei, keineswegs einen Anthropomorphismus (N 298, 435). Hier liegt offenbar Einfluß von Kierkegaard und dem französischen Personalisten Emmanuel Mounier vor. Auffallend ist jedoch die Abwesenheit von Fideismus, wie er das Spätwerk durchzieht (etwa E II 67).

Die Ethik Gómez Dávilas ist individualistisch und perfektionistisch, aber nicht eudämonistisch. Man habe eine Pflicht, an der eigenen Vervollkommnung zu arbeiten, ohne an Glück zu denken und ohne sich für den Rest der Welt verantwortlich zu fühlen (N 64, 109, 202). Das hat durchaus eine gewollte Nähe zum Solipsismus (N 246), denn dem Autor geht es nur um einsame Größe (N 262). Ist die Ethik der Gegenwart so sehr durch ständiges Schielen auf die Bedürfnisse und die Meinungen der anderen bestimmt, daß der Gedanke der Pflichten sich selbst gegenüber völlig untergegangen ist, reduziert sich die Ethik Gómez Dávilas letztlich auf diese – im Widerspruch zu einer jeden vollständigen Ethik, und sicher zur christlichen. (Geradezu antichristlich ist das Preisen des Hasses gegenüber der Liebe, weil er absondere: N 290.) In der Metaethik Gómez Dávilas spielt der Wertbegriff eine zentrale Rolle. Werte seien nicht aus der Natur zu gewinnen (N 151) und in ihrer Geltung ahistorisch (N 415), weil sie reine Platonische Wesenheiten seien (N 124, 136); das auf sie bezogene Werturteil sei daher absolut (N 475). Die genetische Frage habe dabei mit dem Geltungsproblem nichts zu tun (N 191 f.). Eine Theologie der Werte sei diejenige Form der Religion, die uns am meisten bewege (N 149). Eine ästhetische Funktionalisierung des Moralischen sei unerträglich (N 116); vielleicht sei aber die Logik ein Kapitel der Ethik (N 140). Der Verzicht auf untergeordnete Güter solle nicht mit der Bestreitung ihres Wertcharakters einhergehen (N 171) – hier ist der durchgängige Einfluß Max Schelers besonders spürbar, ebenso in der Anerkennung der moralischen Bedeutung von Gefühlen (N 299). Neben Gütern an sich gebe es auch solche, die nur instrumentellen Wert hätten, so etwa die Freiheit, die bloß als Bedingung von Größe wertvoll sei, und die Höflichkeit als Hilfsmittel der Freiheit (N 121, 160). Auch wenn die Werte einer idealen Ordnung angehören, basiere schon das Leben, als ein Teil der Wirklichkeit, auf einer Bejahung des Wertes (N 174 f.). Um menschliches Handeln zu verstehen, brauche man eine metaphysische Anthropologie, die der Historismus zu Unrecht erledigt zu haben glaube (N 144, 190 f.). Man erkenne dann nicht nur, daß die menschlichen Tugenden einander oft widersprächen (Isaiah Berlin wird denselben Gedanken entwickeln), sondern daß der heute selbst von Christen verratene Gedanke der Erbsünde die Natur des Menschen viel eher erfasse als die optimistische Anthropologie der Fortschrittsgläubigen (N 311, 442). Dabei sei nicht der Begriff der Sünde, sondern derjenige der Vergebung, der jenen allerdings voraussetze, die eigentliche Leistung des Christentums (N 449). Erkenne man an, daß das Leben seine Versprechungen nicht erfülle, dürfe man hoffen, Analoges gelte auch für die Drohungen des Todes (N 451).

Was die Politische Philosophie betrifft, so empfindet Gómez Dávila für diese Sphäre im wesentlichen Verachtung (N 104 f.), wie sie auch der Politiker selber gegenüber den Menschen fühlen muß (N 385 f.). Denn kluge Politik sei wesentlich ungerecht (N 258). Wegen der unvermeidlichen Gleichgültigkeit des Philosophen gegenüber der Politik, sofern er nicht selber König werde (N 128), habe das reaktionäre Denken keine praktischen Konsequenzen (N 194). Der politische Reformismus setze das voraus, was er erst erreichen wolle – gemeint ist wohl eine moralisch bessere Menschheit, die aber nur Resultat einer langsamen sozialen Evolution sein könne (N 156). Die Macht der Irrationalität werde meist unterschätzt (N 396), obwohl der politische Diskurs offenbar magische Funktionen erfülle (N 239). Immerhin findet man auch die aus Carl Schmitt vertraute Idee, die Politik setze theologische Kategorien fort (N 431, 436, 441). Der Nationalismus setze paradoxerweise die nämlichen Transport- und Kommunikationsmittel voraus, die die globale Homogenisierung betrieben (N 170). Zwar erkennt Gómez Dávila das von Churchill verwendete Argument an, das beste Argument für die Demokratie sei das Scheitern aller Alternativen (N 109); aber es ist klar, daß er diese Staatsform nicht liebt. Einerseits finde sich das Volk schnell mit dem Despotismus ab, wenn man es nur gut ernähre (N 134), andererseits drohe ein Verfall aller Hochkultur (N 408 f.). Anders als der Kommunismus, den er ernst nimmt, beseitige der Sozialismus die Fähigkeit zur Selbstaufopferung, ja zur Anerkennung eigener Fehler (N 450, 453). Gómez Dávilas Sehnsucht gilt den Aristokratien, in denen ernste Pflichten die Macht begleiten (N 308), und er zieht allen anderen Staatsformen eine liberale Aristokratie im Sinne Tocquevilles vor, in der sowohl die individuelle Würde eines jeden als auch ein klarer Begriff der Pflichten der herrschenden Klasse herrschen (N 344). Die Armut solle man nicht überwinden wollen, weil man statt ihrer nur Vulgarität erhalten werde (N 419). Er selber achte die Armen und den Reichtum, hasse jedoch die Reichen und die Armut (N 357). Haßte denn Gómez Dávila auch sich selbst – oder wenigstens den Zynismus, zu dem er, wie die traditionelle Oligarchie Lateinamerikas, immer wieder fähig war?

6. »Textos«

Die »Textos« beginnen mit der Skizze einer naturphilosophisch eingebetteten Anthropologie, die Schelers »Die Stellung des Menschen im Kosmos« viel verdankt. Der Mensch sei das Wesen, das gegen die eigene Natur rebelliere. Die Natur sei schon auf Ebene des Lebens dadurch gekennzeichnet, daß jedes Lebewesen keine Grenzen kenne, sondern seine Macht ausdehnen wolle – man erkennt die Spuren von Schopenhauer und Nietzsche. Die wechselseitigen Begrenzungen ergäben sich somit im wesentlichen aus Gewalt. (Diese ontologische Grundannahme liegt der pessimistischen Anthropologie des Autors entscheidend zugrunde.) Der Mensch aber sei komplizierter als das Tier, weil er nicht wisse, wohin er sich begeben solle, auch wenn er die Pflicht habe, dort anzukommen. Das Tier bewege sich auf sein Wesen zu; der Mensch könne es verfehlen (T 13 f.).

Der zweite Abschnitt kritisiert eine Philosophie – gemeint ist offenbar die analytische –, die durch das Ideal der Präzision geblendet sei und daher Probleme ignoriere, die sich nicht mit dieser Methode behandeln lassen. »Die Philosophie bereichert sich um den Preis, das Leben zu verlassen.« (T 17) Das sei nicht nur theoretisch bedauerlich; denn ziehe sich die Philosophie aus dem Leben zurück, würden die Instinkte losgelassen werden und triumphieren. Entscheidend für die Gesundheit der Philosophie sei, daß sie über die Gemeinplätze reflektiere.

Der Mensch sei nicht bloß betrachtendes Subjekt, sondern auch Begierde. Vor jeder Trennung von Subjekt und Objekt existiere er in einer konkreten Situation – hier folgt Gómez Dávila Heideggers »Sein und Zeit«. Die Zeit sei dabei das Antlitz der Ohnmacht des Menschen (T 24). Sie sei nur als Gegenwart wirklich. In der Zeitlichkeit gründe die Geschichtlichkeit des Menschen, und der Mensch scheitere nicht, weil er zeitlich sei, sondern sei umgekehrt zeitlich, weil sein Wesen Scheitern sei (T 26). Der Hegelkenner erkennt das Echo aus dem Zeitkapitel der »Enzyklopädie der philosophischen Wissenschaften«. Zwar lehnt Gómez Dávila die Vorstellung ab, das Bewußtsein komme von außen an die *conditio humana*, unterscheidet aber zwischen empirischem und absolutem Bewußtsein. Dieses sei notwendig aus anderem unableitbar, ja selbst die Außenwelt sei sein Konstrukt (T 29 f.). Der Autor pendelt zwischen Heidegger und Husserl (vgl. T 94), ohne eine plausible Synthese zu bieten, aber man spürt, wie er mit den Grundfragen der Ersten Philosophie ringt. Das Bewußtsein könne die Situation, in der es sich vorfinde, annehmen oder ablehnen, etwa durch Selbstmord. Lehne es eine Erlösung in die Transzendenz ab, bleibe ihm nur die Geschichte als der Ort seines Unglücks oder aber seiner hypothetischen Glückseligkeit. Der Wahnglaube an eine irdische Vollkommenheit treibe es an zu Revolutionen. Diesem Menschentypus zieht Gómez Dávila den männlichen Pessimismus derer vor, die anerkennen, die Krankheit der *conditio humana* sei – die *conditio humana* selbst. Da sie nicht an die spontane Güte der Welt glauben, empfinden sie Dankbarkeit und Achtung, wann immer Schönes und Großes in seiner Zerbrechlichkeit auftrete (T 36).

Das vierte Kapitel beginnt mit einer Analyse der Totenrituale als eines entscheidenden Faktors früher menschlicher Kulturen, mit dessen Hilfe sie sich vor den Nachstellungen der Toten schützen wollten. In der modernen Kultur werde der Skandal des Todes dagegen verdrängt und die Bestattung zu dem hygienischen Problem der Entsorgung der Leichname, bis hin zu der massenweisen Beseitigung der Ermordeten in den Verbrennungsöfen (T 42).

»Zwischen der Geburt Gottes und seinem Tode entwickelt sich die Geschichte des Menschen.« (T 45) Sicher ist mit dieser Aussage nicht eine Verzeitlichung Gottes intendiert – sie besagt vielmehr, unsere tierischen Vorläufer seien zu Menschen geworden, als sie sich religiöse Vorstellungen bildeten, und würden ihre Menschheit verlieren, wenn sie sich ihrer vollständig entledigten. Der Autor bestreitet keineswegs die Abstammungstheorie; und er sieht viele menschliche Vollzüge bei den Tieren vorgeprägt, etwa soziale Organisationsformen bei den Hautflüglern oder den Werkzeuggebrauch. Aber gerade die Existenz einer zoologischen Wissenschaft beweise das Neue am Menschen, das nicht in der bloßen Vervollkommnung jener tierischen Leistungen bestehe. Sein Urgrund sei die Erfahrung von Werten, die die Instinktreduktion beschleunige; und ihr erster Ausdruck sei der heilige Schauder. Der Mensch entstehe mit der Wahrnehmung des Heiligen, die Schrecken, Verehrung und Liebe erwecke (T 48) – man spürt den Einfluß Rudolf Ottos, von dem der Autor viele Werke besaß. Der mit dem Urmenschen entstehende Gottesbegriff sei noch nicht derjenige der erst nach Jahrtausenden religiöser Erfahrung erarbeiteten Theologie, sondern vermische Immanenz und Transzendenz. Aber er sei die Grundlage der Ideen des Wahren, Guten und Schönen. Letztlich wurzle das Uniformitätsprinzip, das dem Widerspruchssatz wie dem Kausalitätsprinzip zugrunde liege, in einer axiologischen Sphäre, ohne die der wissenschaftliche Empirismus wie ein Vogel sei, der vergeblich im Vakuum zu fliegen suche (so in brillanter Umkehrung der berühmten Stelle über Platon in der »Einleitung« zu Kants »Kritik der reinen Vernunft«, B 32). Und die Idee des

Guten sei weder biologisch zu erklären – denn sie erschwere das Leben –, noch sozial, denn auch in der Einsamkeit müßten wir sie ehren (T 51).

Das sechste Kapitel beginnt mit der These von einer letztlichen Verwandtschaft von bürgerlichen und Volksdemokratien, nicht was die Mittel, wohl aber was die Ziele betrifft. Kapitalismus wie Kommunismus wollten beide den Menschen zum Herrn seines Schicksals machen. Beide seien antireligiös motiviert, auch wenn die Analyse der demokratischen Revolutionen zu Recht auf religionssoziologische Kategorien wie Prophet, Mission, Sekte zurückgreife (T 59). Diese Analyse sei, hier folgt Gómez Dávila Max Weber, selbst wertfrei (T 62). Der moderne Glaube an die Demokratie sei ein futuristischer Anthropotheismus, wolle also den Menschen vergotten, dem er eine stabile Natur abstreite, und einen transzendenten Gott abschaffen (T 63 ff.). Die Werte dürften nicht mehr als an sich seiend gelten, sondern nur noch als menschliche Konstrukte, etwa als Resultate von Marktprozessen. Der Wunsch nach totaler Freiheit schlage freilich in eine totale Unfreiheit um – man denkt an Max Horkheimers und Theodor Adornos »Dialektik der Aufklärung«. Im Namen der Herstellung einer »authentischen Freiheit« würden abweichende Ansichten unterdrückt; die Technik solle den Menschen erlösen, und es komme zu einer enthemmten Ausbeutung des Planeten (T 73, 79) – diese korrekte Beschreibung ist um so verblüffender, als es damals noch kein artikuliertes ökologisches Bewußtsein gab. (Sie wird auch später nicht vergessen; vgl. etwa NE II 56.) Zwar sind die geisteshistorischen Ausführungen zur Ketzergeschichte dilettantisch; aber Gómez Dávila hat recht, wenn er im Sieg der zentralistischen Monarchien über den Feudalismus eine Vorbereitung des demokratischen Prinzips sieht – Tocqueville sagte in seinem zweiten Buche dasselbe, wobei er, anders als der Kolumbianer, in seinem ersten Buche im

Triumphzug der Demokratie die göttliche Vorsehung am Werke sah. Die rasante und grenzenlose wirtschaftliche Entwicklung mache das Geld zum einzigen allgemeinen Wert, verdränge die Achtung vor allem, was nicht das Resultat eigener Arbeit sei, und verhäßliche die Welt. Aus der unvermeidlichen Langeweile befreie man sich mit Akten der Grausamkeit.

Ein kurzes Kapitel zu ästhetischen Fragen behandelt den Roman als die eigentliche moderne literarische Gattung, weil es in ihm, anders als in Lyrik und Tragödie, um ein Abbild des ganzen menschlichen Lebens, nicht nur seiner Höhepunkte gehe.

Das achte Kapitel kehrt zur anthropologischen Thematik zurück und sieht in Langeweile, Irrtum, Erniedrigung und Sünde Merkmale, die den Menschen vom Tier unterscheiden. Als Irrtum gilt dabei etwas, was nicht durch Experimente oder Logik, sondern nur durch reifere Erfahrung widerlegt wird, als Erniedrigung die Illoyalität gegenüber den eigenen Prinzipien. Unter Heideggers Einfluß lehnt Gómez Dávila, wie später Richard Rorty, die Vorstellung vom Bewußtsein als Spiegel der Natur ab (T 95), da es immer räumlich und historisch situiert sei und nur im Lichte von Werten wahrnehme. Dabei bestehe kein Dualismus von Sein und Wert, da das Sein auf Werte antworte (T 99), die sich somit inkarnierten (T 106), etwa im Leben. Anders als das Tier habe der Mensch Selbstbewußtsein und damit eine unersetzliche Individualität, die er freilich selbst erst durch die Option für unterschiedliche Werte konstruieren müsse. Die Unterscheidung zwischen ästhetischen, ethischen und religiösen Werten folgt offenbar Kierkegaard; in den Werken des Menschen seien sie meist vermischt. Wichtig ist der Kontrast von Zivilisation und Kultur. Die Zivilisation ergebe sich als Resultat von Intentionen, die auf etwas anderes ausgerichtet seien; der Kultur gehe es dagegen um sie selbst. »Die religiöse Kultur beschäftigt sich nicht mit dem Heiligen, sondern mit der Religion.« (T 109) Das leite die anthropozentrische Wende ein mit ihrem völlig leeren Freiheitsbegriff und dem Triumph des Ökonomischen und Technischen.

Das neunte Kapitel beginnt mit weitgehenden Zugeständnissen an den Historismus. »Die fernste Vergangenheit fließt in den Adern der Gegenwart« (T 116), und man entkomme der Geschichte nicht, indem man sie ignoriere. Allerdings sei die naive Geschichtsschreibung eher Ausdruck der eigenen Zeit als derjenigen, über die sie schreibe (T 118, 126). Die eigene historische Bedingtheit auch und gerade als Historiker könne man nur durch die Landkarte einer Geschichtsphilosophie überwinden, die allerdings den Einzelfakten gerecht werden müsse. Das erste geschichtsphilosophische Schema sei dasjenige der göttlichen Vorsehung. Gómez Dávila lehnt es zu Recht ab, da es nichts erkläre, sondern die Fakten einfach als göttliche Beschlüsse ausgebe. Das zweite Schema sei dasjenige des Fortschritts. Dabei werde alles zu einem bloßen Mittel auf dem Wege zu einem wie auch immer bestimmten Idealzustand und gerade nicht in seinem Eigenrecht anerkannt oder sogar ignoriert. Das dritte Schema sei das reduktionistische, das die Fülle der Geschichte auf eine einzige Faktorengruppe zurückführe. Trotz aller Mängel hätten alle drei Ansätze eine partielle Wahrheit, denn alles sei individuell, nichts unabhängig und alles komplex; und alle Kritik ändere nichts an der Unabdingbarkeit eines philosophischen Schemas. Dieses überwinde seine Beliebigkeit, wenn es nicht Werk eines einzelnen, sondern Ausdruck einer Tradition sei, die die Gegenwart auf lebendige Weise an die Vergangenheit knüpfe. Die beste Annäherung an dieses Ideal geschehe in der Katholischen Kirche, die vielleicht nicht die letzte Sinnträgerin der Geschichte sei und deren Rechtfertigung keineswegs den naiven Providentialismus fortsetze. »Die Kirche ist der einzige Platz, wo die Gleichgültigkeit nicht das Echo jeder vergangenen

Stimme erstickt.« (T 133) In der Kirche lebe das erste Sich-Niederwerfen des Urmenschen vor den Sternen und das neolithische Verspeisen des ersten Brotes fort. Nirgends wird freilich bedacht, daß objektives Verstehen durch Traditionen nicht nur ermöglicht, sondern auch erschwert wird – die Geschichte der Bibelinterpretation beweist das.

Auch wenn das Bewußtsein an seiner eigenen Identität und Existenz nicht zweifeln könne, müsse es sich die Frage stellen, ob nicht außerhalb seiner Widersprüchliches existiere. (Hegel würde zustimmen.) Insbesondere aber quält es, daß seine zukünftige Existenz alles andere als gewiß ist. Wie Heidegger verweist der Autor auf die Erfahrung des Todes anderer und diejenige der eigenen Zeitlichkeit. Darüber hinaus geht die Reflexion auf das Erleben des eigenen Alterns als desjenigen, was uns erst eigentlich unserer Sterblichkeit versichert (T 142 f.). Nicht nur verlieren wir, was wir vorher hatten, uns wird auch der Verlust gleichgültig. Der Tod ist nicht nur eine externe Bedrohung des Lebens, sondern ihm inhärent, da es Sein und Nichts vereint. Angesichts dessen scheinen die Mythen, die vom Jenseits reden, nur eine menschliche Erfindung. Auch die Offenbarung ist ja nur glaubwürdig, wenn sie einer Erfahrung entspricht (T 148). Immerhin wäre das Weiterexistieren des Bewußtseins nach dem Tode nicht weniger erstaunlich, als die Existenz des Bewußtseins oder selbst der Materie es ist. In der Begierde nach der Manifestation des Wesens der Dinge, deren Glanz keine Selbsttäuschung des Lebens sei, scheint Gómez Dávila eine Stütze seines Glaubens zu finden.

Ist es dieser Glaube, der ihn zu mehr als einem nach intellektueller und ästhetischer Sebstvervollkommnung strebenden Heiden macht? Der Autor schreibt einmal: »Mehr als ein Christ bin ich vielleicht ein Heide, der an Christus glaubt.« (E I 255) Er scheint freilich zu vergessen, daß wirklicher Glaube Nachfolge nach sich zieht und daß das Neue an der christlichen Ethik gegenüber der heidnischen in einer Ausdehnung der Pflicht zur Gerechtigkeit und Barmherzigkeit besteht, die schon die alttestamentlichen Propheten vorbereitet hatten. Immerhin wird man einräumen, daß eine umfassende Ethik nur dann vorliegen wird, wenn der vom Christentum inspirierte moderne Universalismus sich mit einer Wertethik verbindet, die die Werterfahrung loslöst vom Anpassungsdruck an die historischen Sieger. Dieser Druck ist groß; und die Lektüre von Gómez Dávila steigert die Kraft, sich ihm zu entziehen.

Bibliographie

Primärliteratur

Nicolás Gómez Dávila, Notas, México 1954 (Privatdruck). Ich zitiere nach der postumen spanischen Ausgabe: Notas, Bogotá 2003 mit der Abkürzung »N«.

Nicolás Gómez Dávila, Textos I, Bogotá 1959. Ich zitiere nach der postumen spanischen Ausgabe: Textos I, Bogotá 2002 mit der Abkürzung »T«.

Nicolás Gómez Dávila, Escolios a un texto implícito, 2 Bde., Bogotá 1977; Nuevos escolios a un texto implícito, 2 Bde., Bogotá 1986; Sucesivos escolios a un texto implícito, Bogotá 1992. Ich zitiere in meiner Einleitung nach der postumen fünfbändigen Ausgabe, Bogotá 2005 mit den Abkürzungen »E«, »NE« und »SE«. Meine Gegenaphorismen beziehen sich dagegen, selber selektiv, auf die Auswahlausgabe aus allen Scholien: Escolios a un texto implícito. Selección, Bogotá 2001. »Selbst von einer Anthologie muß man eine Anthologie erstellen.« (NE I 117)

Nicolás Gómez Dávila, De iure, in: Revista del Colegio Mayor de Nuestra Señora del Rosario 81 (1988), 67–85 (zitiert mit der Abkürzung »DI«).

Nicolás Gómez Dávila, El reaccionario auténtico. Un ensayo inédito, in: Revista Universidad de Antioquia 240, April–Juni 1995, 16–19 (zitiert mit der Abkürzung »RA«).

Bei einem so brillanten Schriftsteller wie Gómez Dávila ist eine Lektüre des Originals dringend zu empfehlen. Der Deutsche, der des Spanischen nicht kundig ist, kann inzwischen allerdings auf gute Übersetzungen des Gesamtwerkes zurückgreifen:

Nicolás Gómez Dávila, Notas. Unzeitgemäße Gedanken, Berlin 2005.
Nicolás Gómez Dávila, Texte und andere Schriften, Wien / Leipzig 2018 (die anderen Schriften sind die beiden oben besprochenen Aufsätze und eine kurze lyrische Prosa).
Nicolás Gómez Dávila, Sämtliche Scholien, Wien / Leipzig 2020.

Sekundärliteratur

Die folgende Bibliographie der Sekundärliteratur beschränkt sich auf das für mich Wesentliche; sie ist alles andere als erschöpfend. In den Monographien von Kinzel, Michaël Rabier und Serrano Ruiz-Calderón wird man mehr finden – und jedes Jahr kommen neue Texte hinzu.

Abad, Alfredo: Nicolás Gómez Dávila. Un interlocutor de Nietzsche, in: Entre fragmentos. Interpretaciones gomezdavilianas, hg. von A. Abad, Pereira 2017, 79–99.
Badui Quesada, Halim: Apuntes para una biblioteca imaginaria: valor patrimonial y situación legal de las bibliotecas de Bernardo Mendel y Nicolás Gómez Dávila, in: Revista Interamericana Biblioteconomía 30 (2007), 167–184.
Cebolla Sanahuja, Lorena: Fonti spagnole del pensiero politico di Nicolás Gómez Dávila, in: Nicolás Gómez Dávila e la crisi dell'Occidente, hg. von F. Meroi und S. Zucal, Pisa 2014, 189–202.
Geisler, Eberhard: Entgegnung auf Gómez Dávila. Eine Polemik, in: Germanisch-Romanische Monatsschrift 62 (2012), 331–351.
Helmich, Werner: Gómez Dávila, Skandalon und *monstre sacré*. Ein Klärungsversuch, in: Romanistische Zeitschrift für Literaturgeschichte 38 (2014), 431–482.

Hösle, Vittorio: Moralische Reflexion und Institutionenzerfall. Zur Dialektik von Aufklärung und Gegenaufklärung (1987), jetzt in: Praktische Philosophie in der modernen Welt, München 1992, 46–58 und 202.

Kinzel, Till: Nicolás Gómez Dávila. Parteigänger verlorener Sachen, Rückersdorf[4] (2015)

Meisel Roca, Adolfo: Fondo Nicolás Gómez Dávila, in: Boletín cultural y bibliográfico 45 (2008), 215–216.

Mejía Mosquera, Juan Fernando: Pensar es escribir. La filosofía en *Notas* de Nicolás Gómez Dávila, Dissertation an der Pontificia Universida Javeriana, Bogotá 2021 (noch unveröffentlicht, aber online lesbar).

Martin Mosebach: Nicolás Gómez Dávila – Einsiedler am Rand der bewohnten Erde, in: Nicolás Gómez Dávila, Notas. Unzeitgemäße Gedanken, Berlin 2005, 5–10.

Mosebach, Martin: Am Ende der Welt. Ein Besuch bei Nicolás Gómez Dávila (1993), in: Schöne Literatur, München 2006, 95–104.

Olano García, Hernán Alejandro: Brocardos jurídicos, Bogotá 2011.

Rabier, Michaël: Un filósofo y su biblioteca: el Fondo Nicolás Gómez Dávila más allá de su valor patrimonial, in: Boletín cultural y bibliográfico 49 (2015), 233–237.

Rabier, Michaël: Nicolás Gómez Dávila, penseur de l'antimodernité. Vie, œuvre et philosophie, Paris 2020.

Schiffter, Frédéric: Le Charme des penseurs tristes, Paris 2013.

Serrano Ruiz-Calderón, José Miguel: Democracia y nihilismo. Vida y obra de Nicolás Gómez Dávila, Pamplona 2015.

Strauß, Botho: Der Aufstand gegen die sekundäre Welt, München 1999.

Tangheroni, Marco: Della Storia. In margine ad aforismi di Nicolás Gómez Dávila, Milano 2008.

Trilling, Lionel: Sincerity and Authenticity, Cambridge, MA/London 1972.

Volkening, Ernesto (Alfredo Abad/Francia Goenaga/Efrén Giraldo): Diario de lectura de los *Escolios* de Nicolás Gómez Dávila. Cuadernos I y II, Bogotá 2020.

Volpi, Franco: Nicolás Gómez Dávila. El solitario de Dios, Bogotá 2005.

Zum ersten Band der »Escolios a un texto implicito«

Es gehört sich nicht, zum Maschinengewehr zu greifen, wenn man mit dem Florett angegriffen wird. Es ist stillos, Aphorismen mit Traktaten zu widerlegen.

Der Wert eines Aphorismus liegt nicht in seiner Wahrheit, sondern in der Qualität der Gedanken, die er anregt, der Diskussionen, die er auslöst. Kluge und falsche Aphorismen dienen der Wahrheit mehr als wahre und fade. Deswegen ist der Autor brillanter Aphorismen weitgehend immun vor Kritik. – Freilich gibt es auch wahre und kluge Aphorismen, die eine Diskussion abschließen wie das Dessert die Mahlzeit. Man verträgt nicht zu viele davon.

Einen Text implizit zu lassen, schmeichelt der Kreativität, aber auch der Eitelkeit des Lesers. Den Text zu explizieren ist riskanter; also mutiger. Das letzte Wort behalten zu wollen, macht unbeliebt, zeigt aber, daß man Wichtigeres kennt, als beliebt sein zu wollen.[1]

* * *

Die Reife des Geistes beginnt, wenn wir aufhören, uns für die Welt verantwortlich zu halten. 26
Und sie vollendet sich, wenn wir erkennen, daß zum Sein der Welt – unser Lebensauftrag gehört.

---

1 Auf meine kursivierte Übersetzung der spanischen Aphorismen (nach der Ausgabe: N. Gómez Dávila, Escolios a un texto implícito. Selección, Bogotá 2001, auf die die Seitenzahl verweist) folgt mein eigener Text.

Wenn die Dinge uns nur das zu sein scheinen, was sie scheinen, scheinen sie uns bald noch weniger zu sein. 26
Denn das Sein des Scheins ist, auf etwas anderes zu weisen. Die rein immanente Welt ist ohne Sinnbezug und damit nicht einmal mehr Welt.

Eine »ideale Gesellschaft« wäre der Friedhof menschlicher Größe. 27
Nur der ungebändigten Größe, gegen die sich jede Gesellschaft aus rechtlich Gleichen wehren muß. Die subtile Größe bewegt sich auch in einer egalitären Gesellschaft mit einer Anmut, von der sie selbst nicht weiß, ob sie Höflichkeit oder Verschlagenheit ist.

Bourgeoisie ist jede Gruppe von Individuen, die mit dem, was sie haben, nicht einverstanden und mit dem, was sie sind, zufrieden sind. 28
Nur wenn man an dem, was man hat, genug hat, ist das Ungenügen an dem, was man ist, reinigend und produktiv.

Die Liebe zum Volk ist eine aristokratische Berufung. Der Demokrat liebt es nur zu Wahlzeiten. 28
Die Liebe des Aristokraten zum Volke ist zwar nicht notwendig herablassend, aber stets die Liebe zu einem Unterlegenen. Der Christ sollte jedoch wissen, daß Entäußerung und Risiko zur Höchstform von Liebe gehören.

Die soziale Beweglichkeit verursacht die Klassenkämpfe.
Der Feind der höheren Klassen ist nicht der Unterlegene ohne jede Aufstiegsmöglichkeit, sondern derjenige, der es nicht schafft aufzusteigen, während es anderen gelingt. 29
Ohne Hoffnung weniger Leiden und mehr Ungerechtigkeit. Gäbe es sonst nichts, was für Kants Ethik spräche, dann wenigstens dies, daß nach ihr eine derartige Bilanz nicht gegen die Hoffnung spricht.

Sich die Bewunderung zu versagen ist Kennzeichen des Tieres. 29
Nein, denn der Hund bewundert den Herrn. Nur dem, der mehr ist als ein Hund, aber weniger als der Herr, fällt das Bewundern schwer. Der Weise bewundert daher selbst im Ressentiment etwas Menschliches, und im Gleichheitsstreben, das es erzeugt, etwas Göttliches.

Der Philosoph ist nicht Sprachrohr seiner Epoche, sondern in der Zeit gefangener Engel. 31
Aber er bricht die Mauern seines Gefängnisses, wenn er seine Zeit auf den Begriff bringt, d. h. in ihr den Gedanken erkennt, den Gott hatte, als er sie einplante.

Die Vollkommenheiten der Person, die wir lieben, sind nicht Fiktionen der Liebe. Im Gegenteil ist Liebe das Privileg, eine Vollkommenheit wahrzunehmen, die anderen Augen unsichtbar ist. 31
Liebe erfindet nicht, sie entdeckt. Aber was sie erkennt, gibt es zum Teil nur, weil sie es geschaffen hat.

Weder entstand die Religion aus dem dringenden Bedürfnis, die soziale Solidarität zu sichern, noch wurden die Kathedralen erbaut, um den Tourismus anzuregen. 31
Weder wurden die Anden geschaffen, um Sorocho-Erlebnisse westlicher Touristen zu ermöglichen, noch hat der Bogotaner Aristokrat seine Aphorismen geschrieben, damit frustrierte Postmoderne ihren Haß gegen die eigene Zeit, d. h. gegen sich selbst, mit einer Eleganz artikulieren können, die ihnen sonst versagt wäre.

Alles ist trivial, wenn das Universum nicht in einem metaphysischen Abenteuer begriffen ist. 31
Jede Kritik an der Moderne ist seicht, wenn sie in ihr nicht die Spur des Absoluten entdeckt.

Abstoßender als die Zukunft, die sie unwillkürlich vorbereiten, ist die Zukunft, von der die Fortschrittsapostel träumen. 32
Das liegt in der Natur der Träume, denen das Korrektiv einer geordneten Wirklichkeit abgeht. Manchmal freilich sind kindische Träume gerechtfertigt, wenn sie etwas zu verwirklichen helfen, was komplexer ist als sie – und auch als alle bisherige reale Ordnung.

Die kluge Politik ist die Kunst, die Gesellschaft zu stärken und den Staat zu schwächen. 32
Staatskunst ist das nur, wenn die unmittelbare Schwächung des Staates ihn mittelbar stärkt. Letzteres war stets das Ziel des letzten Hegemons, aber eben nicht der lateinamerikanischen Liberalen.

Der Schriftsteller sorgt dafür, daß die Syntax dem Gedanken die Einfachheit zurückgibt, die die Worte ihm nehmen. 33
Ist das Wort der Fall des Logos in die Vielheit und die Kontingenz, so ist die Syntax das Allgemeine an der Sprache, also ihre logische Form. Reicher Wortschatz gebändigt durch klaren Satzbau macht den großen Stil aus. Das Griechische verdankt seine Sonderstellung unter den Sprachen dem Reichtum seiner Partikel, jener keuschesten aller Wörter, die die logischen Beziehungen, und nichts sonst, ausdrücken.

Keiner hat genügend sentimentales Kapital, um seinen Enthusiasmus zu verschwenden. 33
Daß der große Mensch beim Haushalt seiner Emotionen ökonomische Vernunft walten läßt, zeigt gerade, wie sehr er dieses knappe Gut schätzt.

Eine mitleidsvolle Vorsehung teilt jedem Menschen seine tägliche Abstumpfung mit. 33
Und jenen, denen die Abstumpfung durch das Elend erspart bleibt, schenkt sie jene besondere Verrohung, die man Zynismus nennt.

Die Vulgarität besteht darin, das zu sein zu beanspruchen, was wir nicht sind. 34
Notwendige Ergänzung: ohne Chance, es zu werden. Denn nur durch Prätentionen wird man, was man zu sein strebt – siehe das Kind, das mit der Puppe den Erwachsenen spielt. Freilich heißt Erwachsenwerden anerkennen, daß man vieles nicht mehr werden kann. Dies anerkennen zu können, berechtigt zu einem anderen und vielleicht subtileren Stolz als die Fähigkeiten, die man aktualisiert hat.

Das Buch erzieht denjenigen nicht, der es liest mit der Absicht, sich zu erziehen. 34
Aphorismen erziehen nur den, der sie nicht als Aphorismen liest, sondern in ein System zu integrieren weiß.

Die Gesellschaft belohnt die grellen Tugenden und die diskreten Laster. 35
Glückliches Kolumbien! Im Westen, wo die Aufrichtigkeit die einzige überlebende Tugend ist, beklatscht die Gesellschaft auch laute Laster.

Wir haben nur die Tugenden und Fehler, die wir nicht ahnen. 35
Wahr nur für die Laster – die man fast immer verdrängt – und für diejenigen Tugenden, die, gewußt, vergiftet werden. Aber es gibt Tugenden, die sich das Wissen um sich selbst leisten können, und das sind zwar nicht die anmutigsten, aber doch die erhabensten.

Um seine Attentate gegen die Welt zu entschuldigen, entschied der Mensch, die Materie sei träge. 35

Diese Klage gegen den Menschen ist selbst zu anthropozentrisch. Tiefer als Descartes', der Tiere vivisezieren wollte, ist Malebranches Argument für die These, Tiere seien Maschinen: Weil man sonst Gott nicht entlasten könne, der ihnen lange vor dem Entstehen ihres menschlichen Tyrannen Leiden über Leiden beschert hat. Die Sorge um die Güte Gottes hat zur Entstehung der modernen Naturwissenschaft nicht weniger beigetragen als der menschliche Machtwille.

Das Prestige der »Kultur« läßt den Dummkopf auch ohne Hunger essen. 37

Die Rezensionen in den Feuilletons sind wie die Federn bei den Gastmählern der Römer, die einen das eben Verschlungene erbrechen lassen, damit man weiterschlemmen kann.

Der ernste Mensch ist ebenso schwachsinnig wie die Intelligenz, die es nicht ist. 37

Es ist die Intelligenz, die erkennt, daß der Mensch, der nicht reine Intelligenz ist, über sich lachen muß. Aber daß er über sich lachen kann, zeigt, daß er Intelligenz wenigstens hat.

Die Argumente, mit denen wir unser Verhalten rechtfertigen, sind gewöhnlich dümmer als unser Verhalten selber.
Es ist erträglicher, die Menschen leben zu sehen, als sie meinen zu hören. 38

Das Tier ist anmutiger als der tierische Mensch. Aber dieser ist stets interessanter.

Der Mensch mag nur denjenigen, der ihm schmeichelt, aber er achtet nur denjenigen, der ihn beleidigt. 38
Und er liebt denjenigen, in dessen Kritik er den Wunsch spürt, ihn wachsen zu lassen.

Man nennt gute Erziehung die Gewohnheiten, die aus der Achtung vor dem Überlegenen herrühren und in Verkehr unter Gleichen verwandelt wurden. 38
Schulterklopfen ist dagegen das Wesen einer egalitären Einstellung, die plötzlich mit Überlegenheit konfrontiert ist. An der Brutalität des deutschen Schulterklopfens spürt man noch, daß der Todesstoß gegen die Aristokratie und der Triumph des Egalitarismus sich den Nazis verdanken.

Um unsere Ideen zu verfeinern, brauchen wir Menschen, die uns widersprechen. 39
Darin liegt die Theodizee des Irrtums – selbst der reaktionärsten Aphorismen Gómez Dávilas.

Die Aufrichtigkeit verdirbt gleichzeitig die guten Manieren und den guten Geschmack. 39
Der gute Geschmack besteht darin zu erkennen, daß die bloße Aufrichtigkeit, d.h. das Ausleben der eigenen Subjektivität, ein so unbedingter Wert nicht ist; es kommt auf die Subjektivität an.

Geschwätzigkeit ist nicht Übermaß an Wörtern, sondern Mangel an Ideen. 40
Einen unheilbaren Mangel an Ideen zeigt, wer Geschwätzigkeit nach der Zahl der Wörter eines Textes bemißt statt nach dem Verhältnis der Ideen zu den Wörtern. Ein System kann viel dichter sein als eine Aphorismensammlung, ein Epos als ein Epigramm.

Man hat die Metaphysik schon so oft beerdigt, daß man sie für unsterblich halten muß. 40
Metaphysischer, und christlich orthodoxer, ist es, ihren Tod ernst zu nehmen und sie dem Phönix zu vergleichen, der periodisch der Asche entsteigt. Das ist das Los der Wahrheit in der Geschichte.

Am wenigsten begreift der, der sich darauf versteift, mehr zu begreifen, als sich begreifen läßt. 40
Es ist nicht nur Geistlosigkeit, sondern sogar ein Irrtum der instrumentellen Vernunft, wenn die geistige Begrenzung noch schneller zunimmt als die dadurch erzielte Präzision.

In der Inkohärenz einer politischen Verfassung gründet die einzige wahrhafte Garantie der Freiheit. 41
Komplexität mit Inkohärenz zu verwechseln ist in der Ästhetik eine läßliche, im Staatsrecht eine Todsünde. Denn nur eine komplexe Lösung des Souveränitätsproblems garantiert Freiheit, eine inkohärente führt in den Bürgerkrieg. Und dieser ist der bitterste Feind der Freiheit.

Nur vom Willen Gottes abzuhängen ist unsere wahre Autonomie. 41
Nur dann, wenn wir wissen, daß der Wille Gottes – der Logos ist.

Uns der Betrachtung dessen, was uns abstößt, zu verweigern ist die ernsteste Beschränkung, die uns bedroht. 41
Daher hat der objektive Idealist aus Pflicht und mit Widerwillen Nietzsche zu lesen; und er möge dankbar sein, daß er seine katholisch-andine Variante wenigstens mit Amüsement lesen kann.

Der Mensch schafft sich nicht seine Götter nach seinem Bild und Gleichnis, sondern begreift sich nach dem Bild und Gleichnis der Götter, an die er glaubt. 42
Und in den Göttern, an die der Mensch glaubt, entfaltet sich der eine Gott, der ihn und diese Bilder schafft.

Welcher Bescheidenheit bedarf es, um allein vom Menschen zu erwarten, was der Mensch ersehnt! 42
Und welche Größe und Würde zeigt sich darin, daß der Mensch etwas ersehnt, das er selbst zu verwirklichen nicht tauglich ist, also höher ist als er!

Wer fürchtet nicht, daß der trivialste seiner Augenblicke seinen kommenden Jahren ein verlorenes Paradies scheinen wird? 42
Der Weise fürchtet das nicht, sondern stellt sich mit Dankbarkeit darauf ein, daß die Erinnerung, als Hoheitsakt des Geistes, selbst den trivialsten Gegenstand, wenn er nur vergangen ist, verklärt, wie die Muschel im Meer das Sandkorn zur Perle formt.

Nichts gefährlicher, als vorübergehende Probleme mit dauerhaften Lösungen zu lösen. 43
Und zwar deswegen so gefährlich, weil das den Glauben an absolute Normen schwächt.

Eine gewisse geistige Höflichkeit läßt uns das doppelsinnige Wort vorziehen. Das eindeutige Wort unterwirft das Universum seiner willkürlichen Starrheit. 43
Höflichkeit besteht im Respekt vor der Autonomie des anderen; Direktheit verletzt diese Autonomie. Daher entspringen alle Formen indirekter Mitteilung, also auch der Kunst, dem Willen zur Höflichkeit, und dieser ist der Gegensatz zum Willen

zur Macht. Oder zumindest zum Willen zur kurzfristigen Macht, denn die langfristige Macht der eigenen Ideen, auch und gerade lange nach dem Erlöschen des Selbst, das sie entdeckt, wird durch Indirektheit und Höflichkeit gefördert. Aber der Wille zur Macht der Ideen ist eine platonische, nicht eine nietzschesche Kraft, und in etwas anderem gegründet als dem Lebenswillen des Organischen.

Dauerhafte Freundschaften pflegen geteilte Schwächen zu benötigen. 44
Und zwar, weil allein das Wissen um gemeinsame Fehler jene menschliche Wärme erforderlich macht, die Freundschaften von wechselseitiger Achtung unterscheidet.

Das eigentliche Problem verlangt nicht, daß wir es lösen, sondern daß wir es zu leben suchen. 44
Aber damit das Leben die Lösung findet, muß das Denken dem Leben die Richtung anzeigen, in die es zu leben hat.

Zwischen intelligenten Gegnern besteht eine geheime Sympathie, da wir ja alle unsere Intelligenz und unsere Tugenden den Tugenden und der Intelligenz unseres Feindes schulden. 45
Freilich weiß nur der Dialektiker darum; und seine besondere Heiterkeit verdankt sich der Bestätigung, die diese wechselseitige Sympathie seiner Theorie, aber nicht der des Gegners erweist.

Etwas von Gott Unterschiedenes lieben zu können beweist unsere unzerstörbare Mittelmäßigkeit. 46
Unfähig zu sein, etwas von Gott Unterschiedenes zu lieben, verrät einen beschämenden Mangel an Vertrauen in die Fähigkeit des Göttlichen, im Endlichen präsent zu sein.

Nicht der Ursprung der Religionen, oder ihre Ursache, bedarf einer Erklärung, sondern die Ursache und der Ursprung ihrer Verdunklung und ihres Vergessens. 47
Und die Schwierigkeit der wahren, d.h. metaphysischen, Erklärung besteht darin, die göttliche Absicht in der Heraufkunft des Atheismus zu erkennen.

Durch tausend edle Dinge verfolgen wir manchmal nur das Echo einer trivialen verlorenen Emotion. 47
Und gerade damit adeln wir jene triviale Emotion, daß wir sie als Vehikel edler Taten oder der Suche nach edlen Dingen einsetzen.

Der Mensch würde sich nicht so unglücklich fühlen, wenn es ihm genügte, zu wünschen, ohne sich Rechte auf das einzubilden, was er sich wünscht. 47
Ohne Rechtsbewußtsein wäre der Mensch in der Tat glücklicher, aber nicht daß er glücklich sei, sondern daß er Pflichten habe, und eben damit auch Rechte, ist das Prinzip aller Moral.

Die Eitelkeit ist keine Behauptung, sondern eine Frage. 47
Und zwar eine rhetorische Frage, freilich anders als sonst: Die Antwort wird nur deswegen erwartet, weil man weiß, daß sie nicht wahr ist. Vor der Eitelkeit retten nur Stolz oder Religiosität.

Den Bourgeois zu kritisieren gewinnt doppelten Applaus: den des Marxisten, der uns für intelligent hält, weil wir seine Vorurteile bekräftigen; den des Bourgeois, der urteilt, wir hätten ins Schwarze getroffen, weil er an seinen Nachbar denkt. 48
Diese Metakritik wird Applaus erhalten sowohl von den Bourgeois, die nie etwas anderes gewesen sind, als auch von den Marxisten, die sich nun eingestanden haben, daß sie nie etwas

anderes gewollt haben, als selber Bourgeois zu sein. Aber ihre Maliziosität verdient scharfsinnigere Leser, weil die wechselseitige Verachtung der Bourgeois, auf die sie abhebt, eine Verschiebung der Selbstverachtung ist, zu der die Bourgeoisie, und zu Recht, verdammt ist. Immerhin beeindruckt an der Bourgeoisie, daß sie sich in Figuren wie Gómez Dávila zur Selbsterkenntnis erhebt.

Altern ist eine Katastrophe des Körpers, die unsere Feigheit in eine seelische Katastrophe verwandelt. 48
Aber die Seele, die im alternden Körper jung bleibt, segnet diesen, ohne den das Wunder ihrer Autonomie nicht möglich wäre, und bleibt ebendeswegen jung.

Wer edlen Versuchungen nachgibt, vermeidet, sich niedrigen Versuchungen zu ergeben. 49
Zur Askese der heroischen Seele gehört daher, sich großen Versuchungen auszusetzen, teils um keine Zeit für niedrige zu haben, teils um an dem Scheitern zu wachsen, der bei großen Versuchungen zu erwarten ist. Vor unaufrichtigen Liebeleien schützt nichts so sehr wie eine leidenschaftliche unglückliche Liebe.

Einen Dummkopf zu besiegen demütigt uns. 49
Noch mehr demütigt der Sieg über einen Klugen, weil er uns daran erinnert, daß auch wir besiegbar sind.

Weit davon entfernt, Gott zu garantieren, hat die Ethik keine ausreichende Autonomie, um sich selbst zu garantieren. 50
Gerade im Akt ihrer Selbstbegründung erfährt die Ethik ihre Teilhabe am Göttlichen.

Antipathie und Sympathie sind die ursprünglichen Tätigkeiten der Intelligenz. 50
Aber nur die *intelligente* Antipathie und Sympathie. Was zeigt, daß die Intelligenz das Labyrinth ist, aus dem man nicht herausgelangt. Und weise wird man, wenn man auch nicht mehr herauswill.

Die Bücher sind keine Werkzeuge der Vervollkommnung, sondern Barrikaden gegen die Langeweile. 50
Gute Bücher sind nie Mittel gegen die Langeweile, sondern Vehikel zur Beschleunigung der Selbsterkenntnis des Geistes.

Auf unser Leben üben nur die kleinen Wahrheiten, die winzigen Beleuchtungen Einfluß aus. 51
Aber nur im Lichte der einen Wahrheit – Gottes, der es ist, der im Detail steckt – verdienen die kleinen Wahrheiten unsere Aufmerksamkeit.

Wir leben, weil wir uns nicht mit den Augen betrachten, mit denen uns die anderen betrachten. 51
Also ist, da man eine Pflicht hat zu leben und zu handeln, sogar Selbsttäuschung statthaft, freilich nur soweit sie zum Leben und zum Handeln erforderlich ist.

Das Wort wurde dem Menschen gegeben, nicht um zu täuschen, sondern um sich selbst zu täuschen. 51
Betrug ohne Selbstbetrug ist schwierig, Selbstbetrug ohne Betrug anderer unmöglich. Zumindest als Mittel bleibt also jene erste Funktion der Sprache auch dann erhalten, wenn man den Selbstbetrug für die erste Bedingung von Selbst-Identität hält.

Die Kritik verliert an Interesse, während man ihre Funktionen immer strenger festlegt. Die Verpflichtung, sich nur mit Literatur, nur mit Kunst zu befassen, sterilisiert sie.
Ein großer Kritiker ist ein Moralist, der unter Büchern spazierengeht. 52
Der Philosoph ist ein Moralist mit erotischer Liebe zur Konsistenz, dem die Religion, die Kunst, die Einzelwissenschaften, die Politik, sein Privatleben Anlaß zu Betrachtungen sub specie aeternitatis werden.

Predigen sie die Wahrheiten, an die sie glauben, oder die Wahrheiten, an die sie glauben zu sollen glauben? 52
Glauben, glauben zu sollen, ist nicht glauben, wissen, wissen zu sollen, ist aber wissen. Was für das Wissen spricht.

Wer hat kein Mitleid für den Schmerz desjenigen, der sich für ausgestoßen hält? –, aber wer meditiert über die Beklemmung desjenigen, der fürchtet, er sei auserwählt? 52
Da der Erwählten weniger sind als der Verworfenen, liegt es in der Natur der Sache, daß sie weniger Empathie auslösen. Wer aber deswegen in Selbstmitleid verfällt, kann beruhigt sein: Er gehört nicht zu den Erwählten.

Zwischen der Anarchie der Instinkte und der Tyrannei der Normen erstreckt sich das flüchtige und reine Gebiet der menschlichen Vollkommenheit. 54
Wächst in diesem Garten die Pflanze der Dankbarkeit, wird er auch ein Denkmal an jene Tyrannen haben, die ihn gepflanzt haben.

Der größte moderne Fehler besteht nicht in der Verkündigung, daß Gott tot sei, sondern im Glauben, der Teufel sei gestorben. 55
Das unstrittige Verdienst des Teufels, unsere Imagination auf Gefahren in anderen und, besonders, in uns selbst aufmerksam zu

machen, steht im umgekehrten Verhältnis zu seiner metaphysischen Bedeutung, und man versündigt sich an Gott, wenn man sein Schwinden eher in Kauf nimmt als das des Teufels, nur um jener Imagination zu dienen. Denn noch wichtiger als die Rettung des Menschen aus moralischen Gefahren ist Gott selber.

Wir glauben, unsere Theorien mit den Tatsachen zu konfrontieren, aber wir können sie nur mit den Theorien der Erfahrung konfrontieren. 56
Wer in der Unhintergehbarkeit von Theorie nichts Absolutes zu erkennen vermag, sollte wenigstens die Weisheit besitzen, angesichts dieser letzten Tatsache zu resignieren.

Menschlich ist das Adjektiv, das dazu dient, jede Gemeinheit zu entschuldigen. 59
Appelliert man besonders eindringlich an unsere Menschlichkeit, dürfen wir uns auf etwas besonders Tierisches gefaßt machen.

Der Mensch ist ein Tier, das sich einbildet, Mensch zu sein. 60
Und es ist gerade diese Einbildung, die ihn zu einem wirklichen Menschen macht.

Die Künste blühen in den Gesellschaften, die mit Gleichgültigkeit auf sie blicken, und sie gehen unter, wenn die bemühte Verehrung der Dummköpfe sie fördert. 61
Nichts erstickt sicherer ein großes Talent als die lieblose Bewunderung der Untalentierten. Das große Glück Gómez Dávilas ist, daß die deutschen Konservativen ihn erst spät entdeckt haben und nicht mehr zu einem Gegenpapst ausrufen konnten.

Nichts ist alarmierender als die Wissenschaft des Ignoranten. 62
Schlimmer noch ist die Verachtung der Wissenschaften durch die Philosophie.

Die moderne Gesellschaft gestattet sich den Luxus zu tolerieren, daß jeder sage, was er will, weil alle heute in dem, was sie denken, im wesentlichen übereinstimmen. 63
Den universalen Diskurs kann man sich nur leisten, wenn einige wenige Diskursmeister bestimmen, wer zu den periodischen Diskursfestivals eingeladen wird.

Es gibt keine Niedrigkeit, die derjenigen dessen gleichkommt, der sich auf Tugenden des Gegners stützt, um ihn zu besiegen. 64
Und es gibt keine vornehmere Trauer als diejenige dessen, der weiß, daß er nur so siegen kann – und zu siegen die Pflicht hat.

Niemand denkt ernsthaft, während es ihm auf Orginalität ankommt. 64
Von den vielen guten Dingen, die nicht *intentione directa* gewollt werden können, werden manche, wie Glück und Liebe, tragischer- und verzeihlicherweise erstrebt. Wer aber nach Originalität strebt, ist komisch, und über sein vorprogrammiertes Scheitern darf laut gelacht werden.

Der Dummkopf begnügt sich nicht damit, eine ethische Regel zu verletzen: Er fordert, daß sich seine Übertretung in eine neue Regel wandelt. 67
Und er verbeugt sich damit vor dem Generalisierbarkeitspostulat, d.h. dem Kern der Moral.

Was man gegen die Kirche denkt, entbehrt jeglichen Interesses, wenn man es nicht von der Kirche aus denkt. 69
Der Atheismus wird nur interessant, wenn er als Position in der Selbstentfaltung Gottes begriffen wird.

Der Katholik muß sein Leben vereinfachen und sein Denken komplizieren. 69
Eine komplexe Philosophie kann sich nur jemand mit kindlich einfacher Seele leisten.

Intelligent ist der Mensch, der seine Intelligenz in einer Temperatur erhält, die von der Temperatur der Umwelt, die er bewohnt, unabhängig ist. 70
Vollkommene geistige Homoiothermie ist selten; denn auch wer gegen seine Umwelt reagiert, erweist sich als von ihr abhängig. Sich von seiner Umwelt innerlich so zu distanzieren, daß diese gar nicht merkt, daß man sie sich vom Leibe hält, ist in der Regel das Höchste, was wir vermögen, um unsere Geisttemperatur weitgehend konstant zu halten.

Die abstrakte Kunst ist nicht illegitim, sondern begrenzt. 75
Die analytische Philosophie ist begrenzt, aber legitim. Das deutsche Streben nach unartikulierter Ganzheit ist unbegrenzt und illegitim.

Die Liebe ist wesentlich der Anschluß des Geistes an einen anderen nackten Körper. 78
Später begreift aber der Geist, daß sich gerade in der Erkenntnis der Geistigkeit des nackten Körpers die Absolutheit – des Geistes manifestierte.

Um eine Katastrophe unabwendbar zu machen, gibt es kein wirksameres Mittel, als eine Versammlung einzuberufen, die Reformen vorschlagen soll, um sie zu vermeiden. 88
Selbst wenn das wahr wäre: Die Versammlung genösse wenigstens die Ehre, nicht bloß Objekt, sondern auch Subjekt ihrer Katastrophe zu sein.

Der Frieden blüht nur unter sterbenden Nationen. Unter der Sonne eherner Hegemonien. 89
Die einzige moralische Alternative zur Hegemonie eines Staates ist daher seine Umwandlung zum Kern eines Weltstaates. Das beste Mittel dazu heißt »Globalisierung«.

Jede Ehe eines Intellektuellen mit der kommunistischen Partei endet in Ehebruch. 91
Eine Form dieses Ehebruchs ist der Postmodernismus, zu dessen natürlichen Kindern die deutsche Begeisterung fur Gómez Dávila zählt.

Wer die geistige Beschränktheit des Politikers anklagt, vergißt, daß er ihr seine Erfolge verdankt. 92
Und wer auf einen Politiker hofft, der seine geistige Beschränktheit nur vorgaukelt, vergißt, daß das Ressentiment nichts weniger verzeiht, als wenn es spürt, daß man es nicht für würdig hält, Überlegenheit zu erfahren.

Die Disziplin ist nicht so sehr eine soziale Notwendigkeit als eine ästhetische Dringlichkeit. 93
Es ist unästhetisch, die Moral auf die Ästhetik zurückzuführen zu suchen.

Um sich kultiviert zu nennen, reicht es nicht, daß das Individuum sein Fachgebiet mit Bruchstücken der anderen ziere.
Die Kultur ist nicht eine Ansammlung besonderer Objekte, sondern eine spezifische Aktivität des Subjekts. 94
Das Ausmaß dessen, was man verarbeitet, bestimmt den Grad der Kultur. Er ist umgekehrt proportional zum Ausmaß dessen, was man verschlingt und unverdaut ausscheidet, also zur Kulturbetriebsgefräßigkeit.

Die Zivilisation zu verteidigen besteht vor allem darin, sie vor dem Enthusiasmus des Menschen zu schützen. 97
Die Verteidigung der Zivilisation besteht in Wahrheit darin, den Enthusiasmus, ohne den sie vergreist, zu belehren und auf die lohnenden Ziele zu lenken.

Die Seele zu erziehen besteht darin, sie zu lehren, ihren Neid in Bewunderung zu verwandeln. 97
Das ist deswegen nicht hoffnungslos, weil der Neid, anders als die Gleichgültigkeit, schon bewundert und nur lernen muß, sich dies einzugestehen.

Glauben heißt, in die Eingeweide dessen einzudringen, was wir nur wußten. 98
Begründen ist mehr als Annehmen auf bloße Autorität, aber das Sich-Aneignen des Wissens und seine Transformation in Leben sind mehr als Begründen. Glauben im zweiten Sinne kann in seiner Höchstform nur der Rationalist.

Jede neue Wahrheit, die wir lernen, lehrt uns, auf unterschiedliche Weise zu lesen. 99
Also lehrt uns jedes gute Buch, es neu zu lesen.

Die moralische Vollkommenheit besteht in dem Gefühl, daß wir das nicht tun können, was wir nicht tun dürfen.
Die Ethik gipfelt, wo die Regel Ausdruck der Person scheint. 101
Und die sittliche Bescheidenheit gipfelt darin, daß sich eine solche Person als Manifestation der Regel weiß.

Die Heiterkeit ist die Frucht der akzeptierten Unsicherheit. 104
Und jene Heiterkeit wird halkyonisch, wenn der Mensch mit Sicherheit erkennt, daß die Unsicherheit der *conditio humana* Bedingung der Möglichkeit der Realisierung des Sittengesetzes ist.

In einem Jahrhundert, in dem die Massenmedien unendlich viele Dummheiten verbreiten, definiert sich der gebildete Mensch nicht durch das, was er weiß, sondern durch das, was er ignoriert. 105
Nicht einmal zu wissen, daß es etwas zu ignorieren gibt, weist auf einen noch feineren Seelenadel hin als das bewußte Ignorieren; denn im ersten Fall hat der ratiomorphe Apparat es für seine Pflicht und Schuldigkeit gehalten, das Bewußtsein selbst von jedem Akt der Negation dessen, was durchaus keine Aufmerksamkeit verdient, zu entlasten.

Die Alten sahen im historischen oder mythischen Heiden, in Alexander oder Achill, das Vorbild menschlichen Lebens. Der große Mensch war paradigmatisch, seine Existenz exemplarisch.
Der Patron des Demokraten ist dagegen der vulgäre Mensch.
Das demokratische Modell muß unbedingt aller bewundernswerten Attribute entraten. 108
Die List der göttlichen Vorsehung besteht darin, das Mittelmaß einen Staat so weit ruinieren zu lassen, bis selbst die Mehrheit begreift, daß es jemandes bedarf, der ihn wiederherstellen kann und der dazu weit über dem Durchschnitt stehen muß. So sind auch im Zeitalter der Massendemokratie Roosevelts und Churchills möglich, die aufgrund ihres Universalismus noch größere Heroen sind als Alexander und Achill. Es ist die Tragödie der lateinamerikanischen Konservativen, sich zu diesem Gesichtspunkt nicht erheben zu können und deswegen die Politik den Populisten überlassen zu müssen.

Der Dummkopf entrüstet sich und lacht, wenn er wahrnimmt, daß die Philosophen einander widersprechen.
Es ist schwierig, dem Dummkopf klarzumachen, daß die Philosophie gerade die Kunst ist, einander wechselseitig zu widersprechen, ohne einander aufzuheben. 110
Das ist deswegen so schwierig, weil diese Kunst nur dank der Dialektik möglich ist und diese nur in einem System sich vollenden kann.

Die moderne Tragödie ist nicht die Tragödie der besiegten Vernunft, sondern diejenige der triumphierenden Vernunft. 113
Distinguo: Tragisch ist der Sieg der instrumentellen Rationalität über die Wertrationalität, und Ausdruck dieses Sieges ist die Unfähigkeit vieler religiöser Vernunftkritiker, an einem substantiellen Vernunftbegriff festzuhalten und Christus als den Logos zu verstehen.

Die Einsamkeit des modernen Menschen im Universum ist die Einsamkeit des Herrn unter schweigsamen Sklaven. 113
Das Verstummen der versachlichten Natur ist ihre subtilste und grausamste Rache an der modernen Naturwissenschaft.

In den Sozialwissenschaften pflegt man zu wägen, zu zählen und zu messen, um nicht denken zu müssen. 113
Aphorismen schreibt man, wenn man nicht die Kraft zum System hat, oder in den Ruhepausen zwischen der Arbeit an den einzelnen Systemteilen.

Der Mensch ist nichts außer Betrachter seiner Ohnmacht. 114
Freilich mit der Fähigkeit, aus der Betrachtung dieser Ohnmacht Kunst, Religion und Philosophie schäumen zu lassen.

Die Erklärung der religiösen Erfahrung findet sich nicht in den Handbüchern der Psychologie.
Sie steht in den Dogmen der Kirche. 114
Aber es sollte eines der Dogmen einer rationalen Kirche sein, daß die Anerkennung der Erstursache die Suche nach Zweitursachen (auch der Religion) nicht überflüssig, sondern erst eigentlich interessant macht.

Wir pflegen moralische Vervollkommnung zu nennen, was nur ein Sich-darüber-nicht-Rechenschaft-Geben ist, daß wir das Laster gewechselt haben. 114
In der Tat hat ein solcher Wechsel moralisch etwas für sich, weil er Verhärtungen und Habitualisierungen vermeidet, die Fehler erst eigentlich zu Lastern machen.

Die Geschichte dieser lateinamerikanischen Republiken müßte man ohne Verachtung, aber mit Ironie schreiben. 115
Das gilt für die Geschichte der Menschheit als ganzer, nicht spezifisch für die Lateinamerikas. Für diese gilt im besonderen, daß sie mit großer Wehmut darüber zu schreiben ist, daß diese Alternative zur Moderne unendlich schön ist, aber leider nicht gerecht, und mit nicht minderer Trauer darüber, daß sie der Gerechtigkeit weichen und ihre Schönheit verlieren wird.

Die Phantasie beutet die Entdeckungen der Einbildungskraft aus. 119
Ohne diese kalte Ausbeutung ist Dichtung ebenso unmöglich wie ohne spontane Einbildungskraft.

Die neuen Katechismenverfasser bekennen, der Fortschritt sei die moderne Inkarnation der Hoffnung.
Aber der Fortschritt ist nicht eine auftauchende Hoffnung, sondern das mit dem Tode ringende Echo der entschwundenen Hoffnung. 121

Sollten wir nicht die Hoffnung haben, daß in der Transformation unserer Hoffnungen uns der Heilige Geist leitet und daß er auch die modernen Einseitigkeiten überwinden wird?

Kohärenz und Evidenz schließen einander aus. 122
Trügerische Evidenzen lassen sich nur im Rahmen eines kohärenten Systems als solche durchschauen.

Wer einen Autor zitiert, zeigt, daß er unfähig war, ihn sich anzueignen. 123
Oder aber die Dankbarkeit rangiert in seiner Hierarchie der Tugenden höher als gute Verdauung.

Einer labilen Seele zeigen, daß wir ihr Problem verstehen, heißt, es unlösbar zu machen.
Ein begriffsstutziger Blick löst Ängste auf. 123
Seelische Verkrampfungen löst entweder der Heilige oder aber der Dummkopf, der sie nicht ernst zu nehmen vermag. Der Psychologe verschlimmert sie.

Niemandem von uns fällt es schwer, den Nächsten zu lieben, der uns unterlegen erscheint.
Aber etwas anderes ist es, denjengen zu lieben, von dem wir wissen, daß er uns überlegen ist. 124
Selbst wenn es Gott nicht gäbe, wäre der Glaube an ihn gerechtfertigt, weil er wie nichts anderes dazu erzieht, Überlegenheit zu verehren.

Meditieren ist mit einem Toten ein Gespräch führen. 126
Mit großen Toten reden zu können, d.h. sich in ihre Betrachtungsweise hineindenken zu vermögen, bedeutet eine Ausdehnung unserer Kommunikationsgemeinschaft, von der die Diskursethiker nicht einmal zu träumen wagen.

Im Busen der gegenwärtigen Kirche sind »Integristen« diejenigen, die nicht begriffen haben, daß das Christentum einer neuen Theologie bedarf, und »Progressisten« diejenigen, die nicht begriffen haben, daß die neue Theologie christlich sein muß. 126
Das Wesen des Christentums anzugeben, fällt nicht deswegen so schwer, weil seine 2000-jährige, wahrlich heterogene Geschichte nicht leicht unter einen Allgemeinbegriff zusammenzufassen ist. Es ist vielmehr gerade sein Absolutheitsanspruch, der es gestattet, ja gebietet, alles, was an gemeinsamen Zügen abstrahiert wurde, im Namen dessen, was plötzlich als wahr erkannt wird, beiseitezuschieben. Das mag zu Traditionsbrüchen führen, aber der eigentliche Verrat am Christentum besteht darin, Traditionsbrüche nur deswegen abzulehnen, weil man seinen absoluten Wahrheitsanspruch nicht mehr ernst nimmt.

Der Primitive verwandelt Objekte in Subjekte, der Moderne Subjekte in Objekte.
Wir dürfen annehmen, daß der erste sich selbst betrügt, aber wir wissen mit Sicherheit, daß der zweite irrt. 133
Die Mentalität des Primitiven mag der des Schizophrenen verwandt sein. Aber der Irrsinn B. F. Skinners hat nicht seinesgleichen unter normalen Wahnsinnigen.

Zu komplizieren ist das höchste Vorrecht des Menschen. 135
Aber nur weil bestimmte Formen der Komplikation zu verblüffend einfachen Lösungen führen. Die Einführung zuerst der vierdimensionalen Raum-Zeit, dann der nicht-euklidischen Geometrien hat die Physik erstaunlich vereinfacht.

Die Tragödie der Linken? – Die Krankheit korrekt zu diagnostizieren, aber sie mit ihrer Therapie zu verschlimmern. 141

Die Tragödie der Rechten? Aus der Einsicht in die Kontraproduktivität so vieler gutgemeinter Maßnahmen abzuleiten, es gebe keine intelligente Politik der Veränderung.

Es gibt Laster gefallener Erzengel und Laster einfacher höllischer Plebs. 144
Und es ist das Laster des Aristokraten, die ersten vorzuziehen.

Die wahren Probleme haben keine Lösung, sondern eine Geschichte. 145
Ihre Lösung liegt in der rationalen Deutung der Geschichte.

Zum zweiten Band der »Escolios a un texto implicito«

Keine Epoche verdient mehr Kritik als die Moderne, denn sie hat in der permanenten Kritik ihr Wesen. Das bedeutet, daß die gegenaufklärerische Kritik an der Moderne, ob sie es will oder nicht, selbst eine natürliche Tochter der Moderne ist. Und sie geht in dieser Genealogie um so mehr auf, je weniger sie sonst an Positivem zu bieten hat.

Weitaus eher kann derjenige, der die Moderne auf melancholische Weise liebt, in den Verdacht geraten, noch über vormoderne Ressourcen zu verfügen. Diese melancholische Liebe umfaßt auch die Gegenaufklärung, und zu Gómez Dávila insbesondere mag man alle fünf Jahre mit Gewinn zurückkehren, wenn es darum geht, intelligente Leser seines Werkes zu ehren.

Der Christ, der der Pflicht zur Selbstvervollkommnung nicht untreu werden will, braucht einen Fliegenwedel gegen die Vulgarität der Moderne. Aber wenn dieser auch die Idee der Gerechtigkeit zu vertreiben sich anschickt, dann handelt es sich um ein Geschenk des Herrn der Fliegen, gegen den Beschwörungen in Gestalt von Gegenaphorismen angebracht sind.

* * *

Wenn der Katholik sich besser gegen die Laster als gegen die Ketzerei verteidigt, ist nur noch wenig Christentum in seinem Kopf verblieben. 149

Wer Ketzereien auf lasterhafte Weise verfolgt, ja auch nur lieblos verdammt, ohne sie zu durchdenken, hat vergessen, daß das Zentrum der christlichen Dogmatik die Idee der Liebe ist.

Um das christliche Schiff, das in modernen Gewässern kentert, zu erleichtern, hat die liberale Theologie sich gestern der Göttlichkeit Christi entledigt, und die radikale Theologie entledigt sich heute der Existenz Gottes. 150
Es ist leichter, Gott Attribute wie Allwirksamkeit und Allwissenheit zuzusprechen, wenn man Christus, der sie schwerlich hatte, nicht mit ihm identisch setzt. Die Moslems glauben zu wissen, warum sich der Atheismus gerade in christlichen Gesellschaften ausgebreitet hat.

Der Linksintellektuelle greift unerschrocken und arrogant nur die Ideen an, die er für tot hält. 150
Der Rechtsintellektuelle ist mutiger; er fordert jede Idee heraus, die er für politisch korrekt hält. Der intelligente Intellektuelle weiß, daß Aktualität ein Kriterium weder der Wahrheit noch der Falschheit ist.

Jeder hat das Recht, dumm zu sein, aber nicht zu fordern, daß wir seine Dummheiten verehren. 150
Der Liberalismus fordert Gedanken- und Assoziationsfreiheit, und dazu gehört, wie die angelsächsische Welt wohl weiß, auch die Freiheit, die Meinungen anderer für erbärmlich zu halten und aus Vereinen für Kluge die Dummköpfe auszuschließen. Nur wenn der Liberalismus auf eine Kultur wie die deutsche aufgepfropft wurde, die ständisch, kollektivistisch, potentiell totalitär ist, entwickelt sich ein Gesinnungsterror, der im Namen des Liberalismus Respekt für die gerade herrschenden Ideen verlangt.

Die moderne Geschäftigkeit hat keine Schwierigkeiten damit, an Gott zu glauben, aber findet sich außerstande, ihn zu fühlen. 150
Der traditionelle Katholik glaubt an Gott und fühlt ihn, aber er hat Schwierigkeiten, ihn auf konsistente Weise zu denken.

Dem Mittelmäßigen hilft es gar nicht, dorthin auszuwandern, wo die Großen sich aufhalten.
Wir alle tragen unsere Mittelmäßigkeit auf dem Rücken. 151
Dem Dummkopf, der eine Reise um den Globus tut und dann davon erzählt, merkt man die Dummheit schneller als sonst an, und noch mehr gilt das, wenn er von seinen Begegnungen mit Größen berichtet. Die Umkehrung gilt leider nicht: Die Größe, zu der es ihn zieht, wird durch das Anbranden des Mittelmaßes langsam, aber unaufhaltsam korrodiert.

Das Christentum ist keine Lehre fur den Mittelstand. Weder für den wirtschaftlichen noch für den geistigen Mittelstand.
Daher hat es keine Zukunft. 152
Eine Welt aus Sündern und Heiligen ist weniger langweilig als eine aus gediegenem Mittelmaß, auch und gerade fur letzteres. Das Christentum wird daher in Talkshows überleben, in denen das Mittelmaß nach Abwechslung schreit. Doch weiß man nicht, ob man ihm diese Zukunft wünschen soll, selbst wenn die Alternative sein Erlöschen ist.

Jene, deren Dankbarkeit fur die erwiesene Wohltat sich in Hingabe an die Person, die sie erteilte, wandelt, anstatt in den üblichen Haß zu degenerieren, den jeder Wohltäter erweckt, sind Aristokraten.
Auch wenn sie in Fetzen wandeln. 152
Aristokratisch ist eine Tugend nur dann, wenn sie der Anerkennung von Überlegenheit fähig ist. Auf solche Tugenden darf man besonders stolz sein, denn sie gedeihen nur bei intaktem Selbstwertgefühl. Der Neid ist dagegen das Kind einer Mesalliance – des legitimen Strebens nach Gleichheit und nagender Zweifel am eigenen Wert.

Das wahre Verbrechen des Kolonialismus war die Umwandlung der großen asiatischen Völker in Elendsviertel des Westens. 153
Und die Rache Asiens ist die Umgestaltung Europas zu einem Freilichtmuseum für asiatische Touristen.

Wer betrachtet, ohne zu bewundern oder zu hassen, hat nicht geschaut. 154
Oder er ist so vornehm, daß er seine Emotionen, auch die negativen, nur würdigen Objekten schenkt.

Der moderne Mensch vertreibt Gott nicht, um Verantwortung für die Welt zu übernehmen.
Sondern um sie nicht übernehmen zu müssen. 155
Verantwortung hat man nur *vor* jemandem, und sei er eine Fiktion. Vor sich selbst kann man sie, weil man Partei ist, nur dann haben, wenn man eine moralische Selbstverdopplung erreicht, die den meisten als Schizophrenie erscheinen würde.

Die Albernheiten und die Dummheit des bischöflichen und päpstlichen Geschwätzes würden uns verwirren, wenn wir, alte Christen, nicht glücklicherweise von Kindesbeinen an gelernt hätten, während der Predigt zu schlafen. 156
Zweierlei wollen wir von den alten Christen lernen: erstens daß keine Zeit besser verloren ist als die verschlafene und zweitens daß es mutig, aber riskant seitens des Protestantismus gewesen ist, Weihrauch und Ähnliches zurückzudrängen und stärker auf die Predigt zu setzen. Denn gute Prediger sind in beiden Konfessionen selten. Selbst sinnlose Traditionen und Routinen sind der Religion weniger abträglich als die Erwartung von individuell Bedeutsamem, die regelmäßig frustriert wird.

Die eigenen Werke machen den Menschen stolz, weil er vergißt, daß, wenn auch das, was er macht, seine Leistung ist, es nicht seine Leistung ist, die Fähigkeit zu besitzen, es zu machen. 156
Der religiöse Determinismus ist eine Schule der Demut, freilich nur wenn die göttliche Fügung nicht als ein gerade auf einen selbst abzielender Akt besonderer Gnade gedeutet wird.

Jede Gerade führt direkt zu einer Hölle. 157
Jeder Kreis führt zum Ausgangspunkt zurück. Und das ist nicht immer ein Vorzug.

Viele glauben, daß die lakonische Äußerung dogmatisch ist, und erachten die Großzügigkeit einer Intelligenz für proportional der Weitschweifigkeit ihrer Prosa. 158
Zu viel zu sagen ist eine ästhetische, zu wenig zu argumentieren eine philosophische Sünde. Nur wer verstanden hat, daß die Forderungen der Kunst und der Philosophie in entgegengesetzte Richtungen laufen, kann würdigen, was Platon geleistet hat.

Die moderne Welt tadelt mit Bitterkeit diejenigen, die »dem Leben die kalte Schulter zeigen«.
Als ob es möglich wäre, mit Sicherheit zu wissen, daß dem Leben die kalte Schulter zeigen nicht zugleich das Gesicht gegen das Licht wenden wäre. 158
Es ist die Negation des Lebens durch den Geist, die menschliches Leben erst lebenswert macht. Aber das Leben ist der einzige Ort, an dem diese Negation vollzogen werden kann.

Wir wollen nicht den modernen Menschen anklagen, Gott getötet zu haben. Dieses Verbrechen ist außer seiner Reichweite.
Sondern die Götter getötet zu haben.

Gott ist weiterhin unberührt, aber das Universum verwelkt und verwest, weil die subalternen Götter zugrunde gehen. 159
Die Tötung der die Natur belebenden Götter war die primordiale Tat nicht des Atheismus, sondern des Monotheismus. Gott allein konnte ein solches Verbrechen verantworten.

Dieses dumme Jahrhundert läßt zu, daß die Vulgarität des Erotismus es der Freuden der Unzucht beraubt. 160
Da, von der erotischen Anziehung abgesehen, nichts erregender ist als das Geheimnisvolle und die Übertretung von Verboten, haben weise Kulturen, die auf die Antriebskraft des Eros nicht verzichten konnten, ihn mit strengen Tabus belegt. Es muß ein ressentimentbeladener Engel gewesen sein, der das Ende des Eros dadurch eingeläutet hat, daß er liberale Gesellschaften ständig über ihre sexuellen Affairen reden läßt.

Wir können niemals mit demjenigen rechnen, der sich selbst nicht mit dem Blick eines Entomologen betrachtet. 162
Aber wer sich nur naturwissenschaftlich selbst objektiviert, ist wenig mehr als ein neugieriges Insekt.

Wenn die Europäer auf ihre Partikularismen verzichten, um den »guten Europäer« zu schaffen, fürchten wir, daß sie nur einen anderen Nordamerikaner hervorbringen. 162
Da Europa nur dann mit den USA auf gleicher Augenhöhe verkehren kann, wenn es sich politisch eint, ist die Abschleifung von Regionalismen unvermeidbar. Der europäische Antiamerikanismus ist deswegen eine Selbsttäuschung, weil Amerika die Prinzipien nur schneller entwickelt, die im europäischen Projekt der Moderne impliziert sind. Alle amerikanischen Laster schwappen nach kurzer Zeit nach Europa über, doch ohne die

amerikanische Vitalität und das Selbstwertgefühl, das nur die Zugehörigkeit zu einer mächtigen Nation vermittelt.

Der Historiker behandelt die Geschichte als Porträtmaler.
Der Soziologe als Polizist, der ihre Daten aufnimmt. 163
Der Historiker steht der Kunst, der Soziologe der Naturwissenschaft näher. Beide dienen der Wahrheit, weil die Wirklichkeit aus Individuen besteht, die nur durch Begriffe erkennbar sind.

Die Katholiken kommen nicht auf den Gedanken, daß die Welt sich durch jedes Zugeständnis betrogen fühlt, das der Katholizismus ihr macht. 163
Man achtet nur den, der sich selbst treu bleibt; wer seine Ansichten wandelt, muß daher deutlich machen, wieso darin eine höhere Treue zu dem eigentlichen Selbst besteht. Wer ihn dann nicht begreifen kann, auf dessen Achtung darf man verzichten.

Auf den Kirchturm der modernen Kirche setzt der progessive Klerus statt eines Kreuzes eine Wetterfahne. 163
Neben dem Kreuz eine Wetterfahne anzubringen, um zu sehen, woher Stürme drohen, die das Kreuz gefährden, ist eine kluge Maßnahme. Dauerhafte Religionen sind ein Produkt aus absoluter Bindung und stets erneuerter Zeitdiagnose.

Eine geschichtliche Periode ist der Zeitraum, während dessen eine bestimmte Definition des Legitimen vorherrscht.
Eine Revolution ist der Übergang von einer Definition zur anderen. 164
Nur wenn die Vernunft ein paradigmenübergreifendes Vermögen ist, besteht Hoffnung, daß der Übergang von einem Legitimitätskriterium zum anderen unblutig abläuft.

So groß ist der Glaube des Marxisten an Marx, daß er es gewöhnlich unterläßt, ihn zu lesen. 165
Damit ist er ein würdiger Erbe des Katholiken, der darauf vertraut, daß, wenn schon nicht der Pfarrer, so doch der Bischof Bibel und Kirchenväter gelesen habe.

Die Strafe desjenigen, der sich sucht, ist, daß er sich findet. 165
Nur wer nach Größerem sucht, als er selbst ist, hat eine Chance, etwas zu werden, das andere nicht enttäuscht, wenn sie es finden.

Da er weiß, daß er nicht gewinnen kann, hat der Reaktionär keine Lust zu lügen. 166
Wer keine Hoffnung mehr hat, ist stets aufrichtiger in der Erkenntnis dessen, was der Fall ist. Aber er übersieht oft die Wahrheit, daß Einbildungen die Wirklichkeit dauerhaft, und manchmal zum Besseren, verändern.

Das abstoßendste und groteskeste Schauspiel ist das der Überlegenheit des lebendigen Professors gegenüber dem toten Genie. 166
Ist die unkritische Verehrung des Genies deswegen lächerlich, weil Kritikfähigkeit eine der elementarsten Voraussetzungen von Genialität ist, so ist die historistische Verwandlung des toten Genies in jemanden, der nur aus seiner Zeit verstanden werden könne, deswegen noch abstoßender, weil im Namen des Fortschritts der Zeiten der Wahrheitsanspruch nicht mehr ernst genommen wird, der ein Geistwesen erst zu einem solchen macht. Angesichts noch lebender Genies fällt diese Krücke des Selbstwertgefühls leider weg, doch als Rettungsmittel findet sich dann glücklicherweise oft genug, daß das Genie entweder jung oder wenigstens naiv ist, sein Betrachter aber die Welt – und d. h. seinesgleichen – kennt.

Die gegenwärtigen Revolutionäre sind nur ungeduldige Erben. Von Revolution wird man ernsthaft reden, wenn der gehaßte »Konsum« nicht nur der fremde Konsum sein wird. 167
Ohne eine moralische, ja religiöse Revolution ist eine politische Revolution nur der Wechsel des machthabenden Personals. Das Beste an der postmodernen Desillusionierung ist, daß für letztere kein nützlicher Idiot Blut zu riskieren willens ist. Wer es vorhat, schreckt niemanden mehr, sondern belustigt.

Die unheimlichste der modernen Perversionen ist die Scheu davor, naiv zu erscheinen, wenn wir nicht mit dem Bösen kokettieren. 168
Da man eine Frau oft besser kennenlernt, wenn man mit ihr flirtet, darf der Intellektuelle, der das Böse kennenlernen will, um es erfolgreicher zu bekämpfen, durchaus mit ihm kokettieren. Aber das entschuldigt ihn nicht, wenn er sich schließlich mit dem Bösen im Bett wiederfindet.

Ich bin kein unangepaßter moderner Intellektueller, sondern ein empörter mittelalterlicher Bauer. 168
Und ich bin ein mittelalterlicher Theologe, der ad majorem Dei gloriam zu verstehen sucht, was Gott mit der Moderne vorhat.

Versuchen wir, wenn wir altern, die Einstellungen zu haben, die unsere Jugend gebilligt hätte, und Ideen zu hegen, die sie nicht verstanden hätte. 169
Reifen heißt, mehr von der Komplexität der realen Welt, insbesondere aber des eigenen Selbst zu begreifen, ohne die Ideale der Jugend zu verraten.

Nichts ist häufiger, als daß wir uns als Herren verschiedener Ideen empfinden, weil wir nur unangemessene Ausdrucksformen derselben Idee erfassen. 169

Wer endlich den richtigen Ausdruck für eine konfuse Ideengalaxie findet, macht ganze Bibliotheken zunichte.

Die Verwirrung ist das normale Resultat des Dialogs.
Außer wenn ein einziger Autor ihn erfindet. 170
Die künstlerische Transformation des Gesprächs in einen Dialog ist notwendig das Werk eines einzelnen. Aber der Dialog ist darauf angelegt, wieder einzugehen in das Gespräch der Tradition.

Der religiöse Individualismus vergißt den Nächsten, der Kommunitarismus vergißt Gott.
Der zweite Fehler ist immer der schwerere. 171
Da Gott uns weniger braucht als der Nächste, mag er uns sehr wohl den schwereren Fehler leichteren Herzens verzeihen.

Religion und Wissenschaft müssen keine Verträge über Grenzen unterzeichnen, sondern einen Pakt über wechselseitige Nicht-Anerkennung. 176
Das Absolute hat keine Grenze; eben deswegen muß gezeigt werden, daß es immer schon im Anderen seiner selbst präsent ist.

Die Ethik muß die Ästhetik des Benehmens sein. 177
Wenn das Ethische heute seine Spitzenstellung verliert, wird es nicht mehr dem Religiösen, sondern dem Ästhetischen untergeordnet, das bei Kierkegaard das erste Stadium darstellte, weil es das Reich der Unverbindlichkeit ist. Einesteils ist zu wünschen, daß ein gerechter Mensch auch Geschmack habe; die ästhetische Abrundung der Bildung ist wertvoll und insofern moralisch geboten. Andernteils leugnet die neue Rangordnung den Primat der Gerechtigkeit, die nur insofern einen Wert habe, als sie zur Eleganz des Benehmens beitrage. Aber wer Verletzun-

gen elementarer Rechte nur als Verstöße gegen die Schönheit begreift, verfehlt die Natur des Ethischen.
Damit aber auch die des Ästhetischen, denn große Kunst lebt von der Anerkennung unbedingter moralischer Werte. Die subtilste Rache des Ethischen am Ästhetischen besteht darin, daß die Autonomisierung der Kunst nur kostbare Wortkunstwerke wie die Gedichte Stefan Georges, aber weder eine *Antigone* noch eine *Göttliche Komödie* hervorzubringen vermocht hat.

Der Schriftsteller, der seine Sätze nicht gefoltert hat, foltert seinen Leser. 178
Glückliche Harmonie des Ethischen und des Ästhetischen, wenn man lieber Sätze als Menschen foltert!

Das Christentum hat nicht den Begriff der Sünde, sondern den der Vergebung erfunden. 179
Aber damit seine große Entdeckung Sinn gibt, muß es den Begriff der Sünde vielleicht noch hartnäckiger verteidigen als Religionen, die nur die Sünde kennen.

Die moderne Gesellschaft wird gleichzeitig ungastlich gegenüber den Alten und vermehrt ihre Zahl, indem sie deren Leben verlängert. 179
Daß die medizinische Technik, Ausgeburt des modernen Autonomiewillens, zur Verlängerung und Vermehrung einer letzten Lebensphase weitestgehender körperlicher und geistiger Abhängigkeit führt, zeigt, daß Gott dialektisch denkt.

Es ist nicht unmöglich, daß in den klerikalen Bataillonen im Dienste des Menschen sich noch einige Agenten der Fünften Kolonne Gottes infiltrieren. 181
Es ist sogar notwendig, daß der moderne Atheismus eine besonders faszinierende List Gottes ist.

Um Historiker zu sein, bedarf es eines seltenen Talents. Um Geschichte zu machen, reicht ein wenig Schamlosigkeit. 184
Das Talent des Historikers besteht gerade darin, zu zeigen, wie hinter dem Rücken egoistischer, böswilliger, größenwahnsinniger Individuen sich die Rechtsidee verwirklicht.

Um zu regieren, verhüllt sich der Mensch die Augen mit Ideologien. 185
Und da auf Regierungen nicht zu verzichten ist, findet sich der Philosoph mit der Unvermeidlichkeit von Ideologien ab und tröstet sich damit, daß sie in der Spätmoderne einander wenigstens rasch ablösen.

Die Werte sind nicht Bürger dieser Welt, sondern Fremde aus anderen Himmeln. 185
Wahre Gastlichkeit gegenüber Fremden gibt es nur dann, wenn wir begriffen haben, daß das Moralische nicht in den immanenten Werten unserer Kultur besteht, sondern irreduzibel transzendent ist.

Das Leben zu beobachten ist zu interessant, um Zeit damit zu verlieren, es zu leben. 187
Zumindest schuldet der Beobachter jenen Dank, die das auf sich nehmen, was allein beobachtenswert ist, nämlich das Leben. Denn das Beobachten ist selbst betrachtenswert nur, wenn es gelebtes Beobachten ist, d. h., wenn es sich dem Risiko des Irrtums, der Schuld, des Leidens aussetzt.

Eine ruhige bürgerliche Existenz ist die wahre Sehnsucht des menschlichen Herzens. 188
Deswegen sind mönchische Ideale mehr als menschlich, und die Verbürgerlichung des Christentums, die mit gutem Gewis-

sen erfolgt, ist die Verleugnung seines mehr als menschlichen Ursprungs, der wahre Atheismus der Praxis.

Die »überzeitliche Wahrheit« zu suchen ist die Art und Weise, wie man die »Wahrheit unserer Zeit« findet.
Wer die »Wahrheit seiner Zeit« sucht, findet die Gemeinplätze des Tages. 191
Selbst wenn es Gott nicht gäbe, wäre der Glaube an ihn gerechtfertigt, da es ohne diesen weder die Kathedrale von Chartres noch die Johannes-Passion Bachs gäbe.

Die Zivilisation besteht stets darin, sich anzuziehen, nicht darin, sich auszuziehen. 192
Wer weder ersticken noch stinken will, muß sich manchmal die alten Kleider vom Leibe reißen, bevor er sich neue anzieht.

Das Unglück des modernen Menschen besteht nicht darin, daß er ein mittelmäßiges Leben leben muß, sondern im Glauben, er könne ein Leben leben, das es nicht sei. 192
Die eigentliche Tragik besteht darin, daß der Wille, nicht mittelmäßig zu sein, einen erst in die Durchschnittlichkeit gescheiterter Originalität hineintreibt.

Die Gerechtigkeit ist eine der Triebkräfte der Geschichte gewesen, weil das der Name ist, den der Neid im Mund desjenigen annimmt, der sich beschwert. 194
Es mag sein, daß die Verwechslung der Forderungen des Neids mit denen der Gerechtigkeit mehr Schaden angerichtet hat als die Zurückweisung der Forderungen der Gerechtigkeit als bloßer Ausgeburten des Neides. Aber wer die letzte Sünde begeht, sollte wenigstens den guten Geschmack besitzen, nicht als Erbe einer Tradition aufzutreten, die mit den Propheten des Alten Testaments beginnt.

Wenn wir an Gott glauben, dürfen wir nicht sagen: Ich glaube an Gott, sondern: Gott glaubt an mich. 198
Man muß tief in den Treibsand des Fideismus versunken sein, wenn man sogar Gott Glauben statt Wissen zuschreibt. In Wahrheit weiß Gott um die vielen, die an ihn glauben, und die wenigen, die ihn wissen.

Manchmal zweifeln wir an der Aufrichtigkeit derjenigen, die uns schmeicheln, aber nie an dem Erfolg ihrer Schmeicheleien. 199
Und zwar deswegen nicht, weil wir die Schmeicheleien für zutreffende Wiedergaben der Wirklichkeit halten und wir selbst Zufallstreffer mehr schätzen als Aufrichtigkeit.

Der Atheismus einer Philosophie besteht weniger darin, Gott zu bestreiten, als keinen Platz für ihn zu finden. 201
Nicht der Atheist, sondern derjenige, der für Gott nur einen Platz findet, beleidigt ihn. Denn Gott ist entweder generierendes Prinzip einer Philosophie, oder er ist nicht.

Die Ethik, die keinen Verzicht verlangt, ist ein Verbrechen gegen die Würde, nach der wir streben sollen, und gegen das Glück, das wir erringen können. 202
Nur die Pflichtethik wird dem Christentum gerecht, und alle expliziten Neoaristotelismen von heute sind Formen des Neuheidentums. Doch es bleibt wahr, daß – nicht begriffsnotwendig, aber Gott sei es gedankt – die Forderungen der Pflichtethik meist der sicherste Weg zum Glück sind.

Der materiale Wohlstand erniedrigt weniger als die geistigen und moralischen Voraussetzungen, um ihn zu erwerben. 202
Erben könnten den Reichtum genießen, ohne sich dem Risiko auszusetzen, vulgär zu werden, wenn nicht eine höhere Vulgari-

tät darin bestünde, auf Kosten der Vulgarität anderer ein nichtvulgäres Leben zu führen und sich darauf etwas einzubilden.

Der Einfluß eines Texts ist proportional der Schlauheit seiner Verschwiegenheiten. 205
Aber nur dann, wenn das in Jahrhunderten geduldiger Deutung zu Erschließende ein konsistentes Ganzes ergibt.

Vernunft, Fortschritt, Gerechtigkeit sind die drei theologischen Tugenden des Idioten. 207
Es mag Zeiten gegeben haben, in denen man klug sein mußte, um zu begreifen, daß der Appell an die höchsten Werte mißbrauchbar ist. Aber es hat keine Zeit gegeben, und es wird keine Zeit geben, in der man sich ungestraft von ihnen verabschieden konnte.

Die menschliche Gesellschaft ist dabei, die Prostitution durch die Promiskuität abzuschaffen. 208
Die Ausbreitung liebloser Sexualität durch ihre Verbilligung wäre nur zu bedauern, wenn nicht die der Prostitution eigentümliche Symmetrieverletzung, Beleidigung und Ausbeutung ein zusätzliches Laster darstellte. Das moralische Motiv in der Tiefenstruktur der Laster und ihres geschichtlichen Wandels aufzuzeigen ist religiöser als das Moralisieren.

Die Schlichtheiten, die am Ende der Ungläubige glaubt, sind seine Strafe. 209
Die Inkonsistenz ist die Strafe des brillanten Aphoristikers, der nie systematisch zu denken gelernt hat.

Der liturgische Weihrauch ist der Sauerstoff der Seele. 212
Die religiösen Tabus waren der Heißluftballon alter Kulturen.

Der Fortschritt ist der Sohn der Naturerkenntnis.
Der Glauben an den Fortschritt ist das Kind der Unkenntnis der Geschichte. 212
Der Hohn auf die Pflicht zum Fortschritt ist der Bankert aus der Mesalliance zwischen dem Zynismus und dem nostalgischen Paralogismus, weil nur das Großartige der Vergangenheit erhalten geblieben ist, habe es früher nichts Schreckliches gegeben – als ob neben der attischen Tragödie etwa nicht die Tragik der Sklaverei Athens Wesen bestimmt hätte.

In liturgischen Angelegenheiten innovativ vorzugehen ist nicht Sakrileg, sondern Dummheit.
Der Mensch verehrt nur Routinen, die aus unvordenklichen Zeiten stammen. 213
Die Klugheit lehrt stets, den Ritus zu bewahren, um das Entscheidende, die Dogmatik, anpassen zu können. Man denke an die anglikanische Kirche und die britische Monarchie.

Der wirksame Machtmißbrauch setzt die Anonymität des Unterdrückers oder die des Unterdrückten voraus.
Die Despotismen scheitern, wenn unverwechselbare Gesichter einander gegenübertreten. 213
Am furchtbarsten ist der Despotismus, wenn sich zu der Anonymität der unterdrückenden Bürokratie der Glaube an einen guten Führer gesellt, dessen edle Augen diese Mißbräuche nicht sähen.

Das Universum ist ein nutzloses Wörterbuch für denjenigen, der nicht seine eigene Syntax beiträgt. 215
Erst am Ende erkennt man, daß die Syntax, die den Worten den schönsten Sinn abgewinnt, dem Universum selbst zugehört.

Jede Revolution vergrößert die Übel, gegen die sie ausbricht. 216
Und gerade dadurch mag sie einen Fortschritt bewirken, der alle überrascht.

Die Mittelmäßigkeit eines jeden Triumphes verdient nicht, daß wir uns mit den Qualitäten beschmutzen, die er erfordert. 220
Die moralische Notwendigkeit politischer Veränderungen mag legitimieren, daß der Staatsmann Schaden nimmt an seiner Seele. Triumphiert er mit Melancholie, mag das seine Seele wieder heilen.

Alles, was eine Tradition unterbricht, zwingt dazu, neu anzufangen. Und jeder Ursprung ist blutig. 221
Die Geschichte Hispanoamerikas ist deswegen gewaltsamer als diejenige Brasiliens, weil nur letzteres bei der Loslösung vom Mutterland die Monarchie, ja die Dynastie bewahrte. Wer Traditionen nicht aus Liebe achtet, soll das wenigstens aus Menschenfurcht tun.

Die Scholastik fehlte darin, daß sie den Christen in einen Alleswisser umzuwandeln beanspruchte.
Der Christ ist ein Skeptiker, der auf Christus vertraut. 221
Christus selbst vertraute auf Gott, weil er das Entscheidende wußte: das Sittengesetz. Wir sollten ihm darin folgen.

Die Ideen erschrecken und wandern aus, wo man beschließt, in Teams zu denken. 222
Wenn Philosophen Drittmittel einzutreiben beginnen, kommt bestenfalls Ideengeschichte, also Philosophologie, heraus.

Alle prüfen mit größerer Sorgfalt den Schluß als die Evidenz, die ihn trägt. 223
Das ist der Grund, warum soviel an der analytischen Philosophie Leerlauf ist. – Wenn die eigenen Evidenzen nicht in ein kohärentes Ganzes integriert werden, entspringt die dritte Form defizienten Philosophierens, die aphoristische.

Die Museen sind die Erfindung einer Menschheit, die weder in den eigenen Häusern noch im eigenen Leben Platz für die Kunstwerke hat. 225
Kongresse zu dem 125. Geburtstag ihrer Klassiker organisiert eine Nation nur, wenn sie kein Bildungsbürgertum mehr hat.

Wir glauben an viele Dinge, an die wir nicht zu glauben glauben. 227
Aber wir können nichts wissen, ohne zu wissen, daß wir es wissen.

Unsere Toleranz wächst mit unserer Verachtung. 230
Das sagt nur, wer Toleranz mit Gleichgültigkeit verwechselt. Wir tolerieren die Irrtümer derer, die wir lieben, weil wir wollen, daß sie autonom zur Wahrheit kommen, und wissen, daß man anders gar nicht zur Wahrheit kommen kann.

Wenn wir mit guter Laune unsere Mittelmäßigkeit akzeptieren, macht die Selbstlosigkeit, mit der wir fremde Intelligenz genießen, uns fast intelligent. 232
Eines nur kann der Aristokrat nicht ertragen: wenn geistig Überlegene es ihm gegenüber nötig finden, sich als Gleiche auszugeben.

Christus hinterließ bei seinem Tode keine Dokumente, sondern Schüler. 233
Archive eines Philosophen gründet man, wenn es keine lebendige Schultradition mehr gibt.

Die moderne Gesellschaft achtet die Wissenschaft nur als unerschöpfliche Lieferantin für ihre Begierden. 234
Nur jene Wissenschaft, die ihre Nutzanwendung anderen überläßt, hat Interesse für die Philosophie.

Wer alles verzeiht, weil er alles begriffen hat, hat schlicht und einfach nichts begriffen. 236
Wer alles begreift, kann die genaue Linie ziehen, die Verzeihliches von Unverzeihlichem trennt.

Die moderne Geschichte ist das Gespräch zwischen zwei Menschen: einem, der an Gott glaubt, und einem anderen, der sich für Gott hält. 236
Die Selbstvergottung des modernen Menschen zeigt: Man vermag das Göttliche so wenig loszuwerden, daß man es selbst am unwahrscheinlichsten Platz vermutet.

Wenn die Schriftsteller eines Jahrhunderts nur langweilige Dinge schreiben können, wechseln wir Leser das Jahrhundert. 237
Das Paradies muß der Ort sein, wo wir unsere Zeitgenossen so schnell austauschen können wie unsere Bücher.

Es ist nicht Entkräftigung, an der der Geist manchmal stirbt, sondern Übersättigung an Trivialitäten. 237
Schon manch vielversprechender Geist ist beim Surfen in jenem Ozean ersoffen, den man Internet nennt.

Wer über keinen Wortschatz verfügt, um seine Ideen zu analysieren, nennt sie Intuitionen. 239
Zweite Antinomie der Epistemologie: Jede Intuition kann näher analysiert werden, doch dabei greift man unweigerlich auf weitere Intuitionen zurück.

Das Volk akzeptiert sogar feine Ansichten, wenn man sie ihm mit plumpen Argumenten predigt. 240
Nichts zeigt dies besser als die Missionsgeschichte des Christentums.

Ohne eine gewisse religiöse Kindlichkeit ist eine gewisse intellektuelle Tiefe unerreichbar. 240
Die meisten Erwachsenen schütten den tiefen Brunnen der kindlichen Seele zu, um nicht hineinzufallen, aber sie können dann kein Wasser mehr schöpfen, wenn sie durstig sind.

Die Dummen empören sich nur über die Konsequenzen. 240
Philosophischen Instinkt hat, wer Prinzipien schon ansieht, wes Geistes Kind sie sind, bevor er ihre absurden oder verderblichen Konsequenzen gezogen hat.

Das Opfer der Tiefe ist der Preis, den die Effizienz verlangt. 241
Dank ihrer enormen Effizienz ernten die Universitäten der USA die meisten Nobelpreise, aber das bedeutet nicht, daß an ihnen zahlreiche schöne oder tiefe Bücher entstehen.

Die Revolutionen erschrecken, aber die Wahlkämpfe widern an. 244
Wenn die Erinnerung an die letzten Schrecknisse verblaßt, mag man sich aus Ekel und Langeweile wieder in eine Revolution flüchten.

Der Schwachsinn wechselt in jeder Epoche das Thema, damit man ihn nicht wiedererkennt. 245
Doch das ist ebenso vergeblich wie der Kleiderwechsel bei einer Häßlichen.

Die Nachrichten aus den Zeitungen sind der moderne Ersatz der Erfahrung. 246
Die Historischen Wörterbücher sind der gegenwärtige Ersatz für eigenes Denken.

Das Böse ist nicht interessanter als das Gute, sondern leichter zu erzählen. 246
Metaphysisch ist es schwer genug, das Böse aus einem guten Prinzip zu erklären. Aber die umgekehrte Herleitung ist unmöglich.

In den Universitäten überwintert die Philosophie nur. 248
In den Talkshows erfriert sie.

Der authentische geistige Ernst ist nicht mürrisch, sondern lächelnd. 248
Manchmal bricht er sogar in schallendes Lachen aus.

Was ich hier sage, wird demjenigen trivial erscheinen, der all das ignoriert, auf das ich anspiele. 249
Was ich hier schreibe, wird demjenigen abwegig erscheinen, der all das ignoriert, was ich anderswo systematisch entwickelt habe.

Die Geschichte verdankt ihre Bedeutung den Werten, die in ihr auftauchen, nicht den Menschheiten, die in ihr Schiffbruch erleiden. 249
Leiden allein gibt einem nicht recht, aber die höchsten Werte sind diejenigen, die uns Mitleid für die Opfer der Geschichte lehren.

Philosophieren heißt nicht Probleme lösen, sondern sie auf einem bestimmten Niveau leben. 250
Daß man sie auf dem erforderlichen Niveau gelebt hat, zeigt sich freilich auch an der Qualität der eigenen Beiträge zu ihrer Lösung.

Die Vergangenheit ist die Quelle der Poesie; die Zukunft ist das Arsenal der Rhetorik. 250
Platons »Menexenos« zeigt, daß die Verklärung der Vergangenheit ein Lieblingsgeschäft von Rednern ist. Poetisch wird deren Verklärung nur durch das elegische Bewußtsein, daß die Kindheit unwiederbringlich verloren ist und daß die Trauer darüber noch wertvoller ist als das Verlorene.

Ein Ereignis begeistert weniger, wenn seine Protagonisten interessant, als wenn seine Betrachter intelligent sind. 251
Es ist am faszinierendsten, wenn der Protagonist aus dem, was ihm widerfährt, selber lernt. Dessen literarische Formung macht den Bildungsroman aus.

Ich bin das Asyl aller Ideen, die durch die moderne Schändlichkeit verbannt worden sind. 251
Und ich heiße alle Ideen willkommen, aus welchem Land, aus welcher Zeit, in welchem Medium auch immer, die in das Gewebe des objektiven Idealismus geknüpft werden können.

Die Zahl der Stimmen, die einen Regierungschef wählen, mißt nicht dessen Legitimität, sondern dessen Mediokrität. 252
Der Absatz eines Buches mißt nur, wieviel Gleichgesinnte es gibt. Daß freilich über lange Zeiträume hinweg Leserzahl und Qualität konvergieren, mag die eigentliche Rechtfertigung von Zeitlichkeit sein.

Wer heute nicht schreit, wird weder gehört noch verstanden. 254
Das erklärt die Heiserkeit der öffentlichen Intellektuellen.

Ich verstehe den Kommunismus, der Protest ist, nicht denjenigen, der Hoffnung ist. 255
Aber wie soll man ohne Hoffnung protestieren, selbst wenn sie lächerlich ist?

Die gegenwärtige Liturgie protokolliert die weltliche Ehescheidung zwischen dem Klerus und den Künsten. 257
Vermutlich haben die substanzlos gewordenen Künste unter dieser Scheidung noch mehr zu leiden als die verkitschte Religion.

Die Geschichte ist irreversibel.
Aber sie ist nicht unwiederholbar. 258
Wegen ihrer Irreversibilität sind unbewußte Wiederholungen der Geschichte voller Überraschungen, die bewußten lächerlich und zum Scheitern verurteilt.

Wir versuchen, die Fehler, die wir haben, damit zu entschuldigen, daß wir sie für die Kehrseite jener Vorzüge halten, die wir uns fälschlicherweise zuschreiben. 259
Aber wir betrügen uns nur, weil sie bei anderen existieren, und daher mag die Theodizee der Laster glücken, wenn sie sich auf die Gattung als ganze bezieht.

Die Irrtümer des großen Menschen schmerzen uns, weil sie einem Idioten Anlaß geben, sie zu korrigieren. 260
Da allerdings die Wiederholung der Irrtümer der Großen durch geistlose Nachbeter noch peinlicher ist, müssen wir auf diskrete Verbesserer hoffen.

Wer glaubt, ein niederträchtiges Gefühl damit zu entschuldigen, daß er es für aufrichtig erklärt, macht es nur schlimmer. 260
Wer die Aufrichtigkeit zum höchsten Wert erhebt, frage sich, ob er wirklich alle seine Mitmenschen nackt sehen will. Und doch verdanken sich komplexere Formen gesitteter Kulturen nur expressiven Revolutionen – dem Sturm und Drang die Klassik, dem Furzen und Rülpsen am Tische des Reformators der Kulturprotestantismus.

Die Individuen sind in der modernen Gesellschaft jeden Tag einander ähnlicher und jeden Tag einander fremder.
Identische Monaden, die einander mit wildem Individualismus gegenübertreten. 261
Der andere ist nur interessant, wenn ich ihn, oder er mich, ergänzen kann.

Die Geschichte bestraft unerbittlich die Dummheit, aber sie belohnt nicht notwendig die Intelligenz. 262
Die innerweltliche Theodizee ist stets nur eine halbe – und das macht uns Mut, eine außerweltliche Theodizee für sowohl möglich als auch notwendig zu halten.

Die Menschheit fiel in die moderne Geschichte wie ein Tier in eine Falle. 262
Der Vergleich hinkt deswegen, weil sich das menschliche Tier seine Falle selbst gebaut hat.

Wenn Mangel an Originalität herrscht, wimmelt die Innovation. 263
Analog würgt nichts so sicher das langsame Wachsen der Originalität ab als der Zwang, »kreativ« zu sein.

Die Begierde, informiert zu sein, löst die Kultur auf. 263
Wenig zeigt uns deutlicher, daß jemand nicht zum Philosophen berufen ist, als das eifrige Lesen philosophischer Journale und die regelmäßige Teilnahme an Fachkonferenzen.

Wo man leicht widerlegen kann, wie in den Naturwissenschaften, kann der Schwachkopf von Nutzen sein, ohne gefährlich zu werden. Wo man nur schwer widerlegen kann, wie in den Geisteswissenschaften, ist der Schwachkopf gefährlich, ohne von Nutzen zu sein. 265
Am gefährlichsten ist der Schwachkopf in der Philosophie, weil sie die erkenntnistheoretische Kompetenzkompetenz hat und daher das Souveränitätsrecht über alle Kriterien der Widerlegung beansprucht.

Nichts oberflächlicher als die Intelligenzen, die alles begreifen. 266
Gefährlicher ist der Fachidiot, der nicht weiß, wo das wenige, das er weiß oder zu wissen glaubt, in das Ganze des Wissens hingehört.

Ich bin wie das Volk: Der Luxus empört mich nur in unwürdigen Händen. 268
Mich empört philosophiehistorische Gelehrsamkeit bei Menschen, die nicht philosophisch zu argumentieren wissen.

Um den Philosophen zu verstehen, muß man nicht ein Inventar seiner Ideen anfertigen, sondern den Engel identifizieren, mit dem er kämpft. 269
Größer noch als der mit einem Problem Ringende ist derjenige, der mit mehreren Engeln gleichzeitig jongliert.

Zum ersten Band der »Nuevos escolios a un texto implicito«

Ein rationalistischer Philosoph achtet die christliche Theologie nicht deswegen, weil sie Einsichten zu bieten hat, die die Vernunft transzendieren – denn wenn sie das tun, sind sie keine Einsichten, sondern Dogmen, die auf bloßer Autorität gründen. Aber da er erstens an die Vernunft in der Geschichte glaubt, will er nicht das verwerfen, was fast zwei Jahrtausende abendländischer Kultur inspiriert hat wie nichts sonst. Zweitens erkennt er in der moralischen und spirituellen Revolution des Urchristentums etwas, was zwar gewiß die menschliche Natur transzendiert, aber eben nicht die Vernunft; denn deren Wesen ist es gerade, die Natur zu überschreiten. Und drittens begreift er den Systematisierungswillen der scholastischen Theologie als Befriedigung eines zentralen Bedürfnisses der Vernunft – nicht in ihren Inhalten und in ihrer Methode, aber in ihrem Ordnungswillen antizipiert kein früheres Werk Hegels »Enzyklopädie der philosophischen Wissenschaften« so sehr wie Thomas' »Summa theologica«.

Probleme geben nur innerhalb eines Ganzen Sinn; deswegen sind die besten Problemdenker, Nicolai Hartmann zum Trotz, Systemdenker. Aber es gibt Systemdenker, theologische wie philosophische, die sich an der inneren Kohärenz ihrer Systeme so berauschen, daß sie sich von der Wirklichkeit abkoppeln und in intellektuellen Leerlauf geraten. Dagegen wappnet regelmäßiger Kontakt mit den Phänomenen. Da aber der Zugang zu den Phänomenen unweigerlich durch eigene Kategorien teils ermöglicht, teils verstellt wird, soll man sich regelmäßig den Pfeilen provokanter Aphorismen aus systemfeindlicher Richtung aussetzen. Der Aphoristiker ist der Physiotherapeut des Systematikers – er befreit seine intellektuellen Muskeln von Verspannungen, weil er einen neuen Blick und Zugriff auf die Wirklichkeit lehrt.

Es war des armen Nietzsche tragisches Schicksal, daß sein neuer Blickwinkel innerhalb kurzer Zeit der dominierende wurde. Anfangs war er nur inkonsistent, bald wurde er auch noch langweilig. Nicolás Gómez Dávila, katholischer Reaktionär, dagegen bleibt zu seinem Glück so unbekannt, daß ein periodisches Fitnesstraining an ihm für den Autor dieses Texts, und hoffentlich auch für den Jubilar und die Leser dieser Festschrift, einige Verblüffungs- und Verjüngungseffekte verspricht. Auch dort, wo Gómez Dávila irrt, lohnt es, sich über ihn zu ärgern. Das ist ein großes Kompliment an das Niveau seiner Irrtümer.

Die Brillanz von Fehlern sollte uns aber nicht vergessen lassen, daß man ihnen Wahrheiten auch dann vorziehen muß, wenn sie altbekannt und daher inzwischen unscheinbar und nicht mehr talkshowtauglich sind. Denn wie nach Kierkegaard sich die wahre Schönheit erst im Laufe der Jahre dem Blick des Ehemannes entfaltet, so ist der wahre Philosoph derjenige, der die Schönheit auch alter Wahrheiten wahrnimmt und genießt. Ein gelegentliches Flirten mit neuen und hübschen Irrtümern hat den Vorteil, ihn vom Wert der Wahrheit zu überzeugen.

* * *

Das In-Kraft-Treten einer Idee hängt nicht von ihrer Gültigkeit ab, es hängt von der zufälligen Konjunktur ab. 273
Aber die göttliche Vorsehung hat die Welt so eingerichtet, daß das, was ideal gilt, aufgrund oft überraschender und unvorhersehbarer Zufälle einmal auch zu sozialer Geltung gelangt. Ist das

erst nach dem Tode des Urhebers der Idee der Fall, darf man annehmen, Gott habe ihn vor dem Laster der Eitelkeit bewahren wollen.

Die Mode adoptiert die Philosophien, die vorsichtig den Problemen aus dem Wege gehen. 273
Das liegt nahe, wenn, Joseph Beuys' »Jeder Mensch ist ein Künstler« variierend, jeder Mensch ein Philosoph geworden ist, die philosophischen Probleme aber so schwierig und existenziell so zermürbend bleiben, wie sie immer waren. Dann schlägt die Stunde derjenigen, die sie auf Talkshowniveau herunterbrechen, hübsch sind und trotzdem tief scheinen.

Zwischen dem Pol der Wüste und dem Pol der Großstadt erstrecken sich die Tropen der Zivilisation. 274
Das ist richtig, denn die Zivilisation setzt einerseits die Möglichkeit des Austausches mit bedeutenden Intellektuellen voraus, andererseits jene Distanz von den anderen, in der allein die herrschenden Gemeinplätze hinterfragt werden können. Schlimmer freilich als die Großstadt ist das globale Dorf, in dem dank des Internets geistige Provinzialität und Zugang zu allen Klatschgeschichten des Globus zugleich herrschen. Hier können nur noch Wüsten- und Säulenheilige helfen, die nicht einmal mehr Zugang zum Internet haben.

Ohne Einbildungskraft, die auf der Hut bleibt, strandet die Intelligenz. 274
Denn die abstrakte Intelligenz kann sich gar nicht vorstellen, wie abgrundtief intelligenzlos, ja intelligenzfeindlich viele Menschen sind.

Sozialismus ist der Firmenname des Staatskapitalismus auf dem Wahlstimmenmarkt. 275
Und »freier Markt« ist der Firmenname der Oligopolisten, die noch reicher werden wollen, auf dem Wahlstimmenmarkt plutokratischer Demokratien – einem Markt, der dann zu den gewünschten Resultaten führt, wenn die ihn beherrschenden Medien selbst Oligopole sind.

Die »Komplexe«, die wir nicht dadurch stärken, daß wir sie öffentlich machen, begehen oft Selbstmord, statt uns zu vergiften. 275
Der Gipfel der Heuchelei besteht sicher darin, angesichts der menschlichen Natur so zu tun, als sei es möglich, ohne Heuchelei auszukommen, die bekanntlich wenigstens eine Verbeugung vor der Tugend darstellt. Aber bei dem spezifischen Fall der Sexualität wird man den Eindruck nicht los, daß deren permanente Öffentlichmachung langfristig einer chemischen Kastration gleichkommt – zumindest spricht dafür die Fortpflanzungsrate von Gesellschaften, die »Adam und Eva – gestrandet im Paradies« genießen dürfen.

Ein persönliches Ensemble authentischer Lösungen hat die Kohärenz nicht eines Systems, sondern einer Sinfonie. 275
Wenn man sich daran erinnert, daß der Kopfsatz der klassischen Sinfonie mit zwei Themen arbeitet und die besten philosophischen Systeme, die des deutschen Idealismus, von der Polarität zweier Prinzipien leben, verschwindet der Gegensatz von System und Sinfonie. Und wer die Sinfonie mit einem philosophischen Dialog vergleichen möchte, sollte nicht vergessen, daß auch der wahre Schöpfer dieses Genres ein implizites System voraussetzt.

Der Dummkopf nennt »Vorurteile« die Schlußfolgerungen, die er nicht versteht. 275

Und der Dogmatiker betrachtet als streng erwiesen, was aus Prämissen folgt, die nur er und seinesgleichen für wahr halten.

Nur was wir tun, soll uns beunruhigen, selbst wenn nur das zählt, was wir sind. 275
Denn wir sind – ohnehin für andere, aber auch für uns – nur das, was wir tun, ja wir machen uns zu dem, das wir sind, indem wir es werden, durch unsere Taten.

Die neuen Ideen erzeugen Strudel in der Geschichte; die neuen Sensibilitäten ändern ihren Lauf. 275
Das ist der Grund, warum die Evangelien ein geschichtlich so viel bedeutenderer Faktor sind als die Schriften der Stoiker. Man vergesse allerdings nicht, daß eine neue Sensibilität sich selbst nur dann ernst nehmen kann, wenn sie von einer neuen Idee beflügelt ist. Gefühle lassen sich nie *intentione directa* erzeugen; sie sind Reaktionen auf Ideen. Aber auf diese emotionale Reaktion kommt es an, wenn eine Idee geschichtsmächtig werden soll.

Versuchen wir, uns stets demjenigen anzuschließen, der verliert, um uns nicht dessen schämen zu müssen, was derjenige stets tut, der gewinnt. 276
Die Übermacht der menschlichen Natur zeigt sich allerdings daran, daß sich die häßliche Siegerfratze auch bei manchen derjenigen findet, die im Zeichen des Kreuzes gesiegt haben. Herrschsucht soll sogar bei einigen *servi servorum Dei* vorgekommen sein.

Allgemein und geläufig zu sein, ohne voraussagbar zu sein, ist das Geheimnis guter Prosa. 276
Und keine Prosa ist schlechter als diejenige der Postmodernen, die prätentiös auf Stelzen daherschreiten und dabei nur Vorhersehbares verlautbaren.

Die Akklamationen einer Epoche pflegen unverständlicher zu sein als ihre Unverständnisse. 276
Das ergibt sich daraus, daß wir den Mitmenschen Unterlassungen weniger zurechnen als Handlungen. Man kann demjenigen eher vergeben, der die moralischen Dimensionen des Klimawandels nicht begreift, als demjenigen, der mit der Wahl von Demagogen, die die Fakten bestreiten, die Weltprobleme lösen möchte. Und doch führt die Notwendigkeit, zu leben und zu entscheiden, dazu, daß aus Unverständnis der Probleme unvermeidlich der Beifall für Lumpen erwächst.

Wer in der Dämmerung der Geschichte lebt, bildet sich ein, wenn die Nacht naht, der Tag breche an. 277
In den letzten Zuckungen der Spätmoderne verkündigt man eine Morgenröte namens Postmoderne. Doch deren Lebensdauer wird ebenso kurz sein wie diejenige einer Supernova, wenn man sie am kosmischen Maßstab mißt.

»Versöhnung des Menschen mit sich selbst« – die treffsicherste Definition der Dummheit. 277
Das hängt ganz vom Begriff der Versöhnung ab. Verwechselt man diese mit Selbstzufriedenheit, ist sie in der Tat Bundesgenossin der Geistlosigkeit. Aber es gibt ein unaufgebbares Bedürfnis des Geistes, nach der Errichtung der beiden großen Dualismen von Sein und Sollen und von Mentalem und Physischem die Gegensätze wieder zu vermitteln und zu versöhnen.

Je weniger Adjektive wir verbrauchen, desto schwieriger wird es zu lügen. 278
Deswegen muß man dumm sein, wenn man auf Menschen hereinfällt, die mit Superlativen um sich werfen. Die Erfolge kommerzieller und politischer Werbung zeigen freilich das Aus-

maß menschlicher Dummheit – hier sind wirklich Superlative angebracht.

Der Revolutionär entdeckt den »authentischen Geist der Revolution« nur vor dem Revolutionstribunal, das ihn verurteilt. 278
Der Reaktionär kann sich dagegen in Sicherheit wiegen. Doch er riskiert nur deswegen nichts, weil er, von der eigenen Niederlage schon überzeugt, jeden Kampf aufgegeben hat.

Hüten wir uns vor dem Diskurs, in dem das Adjektiv »natürlich« ohne Anführungszeichen reichlich vorkommt: Jemand betrügt sich selbst, oder er will uns betrügen. Von den natürlichen Grenzen bis zur natürlichen Religion. 279
Der Betrug ist in diesen beiden letzten Fällen freilich unterschiedlicher Natur. Grenzen sind stets eine Sache der Konvention, deren Infragestellung unweigerlich zu Kriegen führt; bei »natürlicher Religion« dagegen liegt wie bei »Naturrecht« nur ein irreführender Terminus vor. Viel gefährlicher ist der Irrtum, auch die zugrunde liegenden Begriffe zu verwerfen, die korrekt lauten: Vernunftreligion und Vernunftrecht.

Das wahre Denken entdeckt seine Prinzipien nur am Ende. 279
Dann freilich beginnt erst die eigentliche Arbeit, aus diesen Prinzipien die Welt zu begreifen. Die Entdeckung der Prinzipien fällt genetisch also in die Mitte.

Von Demut begleitet, erscheinen sogar die Fehler als neue Tugenden. 280
Das gilt nur so lange, als die Demut um diesen Ausgang nicht weiß. Das christliche Lob der Demut hat diese leider zu einer Form der Eitelkeit und eben auch zu einem Resultat der Berechnung umgewandelt, wie man leichter mit den eigenen Lastern

durchkommen könne. Demut, die um sich weiß und gar auf sich zeigt, erzeugt Sehnsucht nach dem Stolz großer Heiden, der wenigstens ehrlich und nicht performativ widersprüchlich war.

Der Schwulst des Boten pflegt proportional zu sein zur Bedeutungslosigkeit der Botschaft. 281
Schwulst kommt in extensiver und in intensiver Form vor. Gibt es einen intensiveren metaphysischen Schwulst, als »Sein« mit »y« zu schreiben?

Die Evangelien degenerieren in den Händen des progressiven Klerus zur Zusammenstellung ethischer Trivialitäten. 281
Zugegeben: Religion ist mehr als Ethik. (Nicht zugegeben ist damit, sie sei, was ihren Wahrheitsanspruch angeht, mehr als Ethik *und* Metaphysik.) Aber wer die Ethik der Evangelien für trivial hält, zeigt in erschreckendem Maße, wie wenig er die Bergpredigt verstanden hat. Oft will derjenige, der gegen eine kantianische Reduktion des Christentums auf Ethik protestiert, sich in Wahrheit nur von den moralischen Forderungen des Christentums dispensieren, manchmal mit Grimassen der Demut angesichts der eigenen Sündhaftigkeit.

Es ist leichter zu bewirken, daß eine neue Wahrheit akzeptiert wird, als daß die Irrtümer aufgegeben werden, die sie widerlegt. 281
Es sind zwei unterschiedliche Kräfte involviert – das Wahrheitsbedürfnis eines neugierigen Geistes und die Trägheitskräfte der Seele. Selbst der erste philosophische Monotheist Xenophanes schreibt: »Es gibt einen einzigen Gott – unter Göttern und Menschen ist er der größte.« Auch das frühe Christentum hat mit seiner Expansion aus Palästina heraus sich unweigerlich an den Polytheismus adaptieren müssen, der, herabgestuft, im Mittelalter als Kosmos von Engeln und Heiligen weiterwirkt. Ästhe-

tisch war das ein Gewinn, wie etwa Dantes »Commedia« belegt; die protestantische Reduktion religiöser Literatur auf die Wiedergabe alttestamentlicher Geschichten hält mit Dante nicht Schritt. Und doch läßt die Einheit des menschlichen Selbstbewußtseins die Diskrepanz von neuer Wahrheit und alten Irrtümern nur um den Preis der Untergrabung der eigenen Selbstachtung zu.

Der Lehrstuhlinhaber schafft es nur, die Ideen einzubalsamieren, die man ihm reicht. 282
Dabei glaubt er guten Gewissens, die Ideen besonders treu zu bewahren; denn er sieht, daß derjenige, der sie sich intellektuell aneignet, sie unweigerlich weiterdenkt und damit verändert. Glauben an den Heiligen Geist heißt: darauf vertrauen, daß dies die wahre Unsterblichkeit ist, die Ideen vergönnt ist.

Von der Intelligenz zu verlangen, daß sie sich des Urteils enthalte, verstümmelt ihr Vermögen zu verstehen.
Im Werturteil gipfelt das Verständnis. 282
Es ist nicht nur so, daß Verständnis ohne Bewertung des Verstandenen als bloße Einbalsamierung zu bewerten ist. Wer über die Bedingungen der Möglichkeit von Verstehen nachgedacht hat, weiß, daß ohne Unterstellung von Wahrheit Verstehen gar nicht in Gang kommen könnte. Bestimmte elementare Werte liegen selbst dem wertfreien Verstehen zugrunde, und daher ist eine komplexe Wertung nur eine Explikation dessen, was im Verstehen schon angelegt ist.

»Glücksrad« ist eine bessere Allegorie der Geschichte als »Evolution der Menschheit«. 283
Da es freilich Gott ist, der Roulette spielt, schafft er es, durch alle Zufälle hindurch die Evolution von Geist und Moral zu be-

fördern. Die Weise, in der er verfährt, erlaubt die Vermutung, er habe – manchmal schwarzen – Humor.

Die Illusionen sind die Plagen dessen, der auf die Hoffnung verzichtet. 283
Jede Aussicht auf etwas Positives hat viel bessere Chancen, etwas mehr als Ausdruck der menschlichen Tendenz zur Selbsttäuschung zu sein, wenn sie gegründet ist in einer metaphysischen Deutung der Wirklichkeit. Ist das aber der Fall, ist eine Geschichtsphilosophie des Fortschritts nicht nur legitim, sondern Pflicht. Selbstsüchtige Bigotterie ist die Plage dessen, der nur eschatologisch hofft und jeden Fortschritt verwirft.

Das Christentum lehrt nicht, das Problem habe eine Lösung, sondern daß die Anrufung eine Antwort hat. 284
Das stimmt, zumal wenn es sich um legitime Anrufungen handelt. Eine davon ist die Bitte des Philosophen um die Lösung philosophischer Probleme.

Der Philosoph beweist nicht, er zeigt.
Er sagt nichts, was er nicht sieht. 284
Der Vorrang des Sehens vor dem Beweisen ist unstrittig; denn auch wer beweist, muß sehen, daß die Schlußfolgerung aus den Prämissen folgt. Aber wer sieht, wie die Welt durch inferentielle Beziehungen verknüpft ist, sieht mehr, als wer nur vereinzelte Phänomene erblickt. Ja, selbst wer sie alle sähe, aber jene Beziehungen nicht begriffe, sähe nicht die eigentliche Struktur der Wirklichkeit.
Nichts zeigt deutlicher den Mangel an Talent in Mathematik und Philosophie, als wenn jemand viele Lehrsätze kennt, aber nur selten die Beweise erinnert oder besser: wieder erlebt.

Gott endet als Parasit in den Seelen, in denen die Ethik vorherrscht. 284
Und Gott endet als Kopfkissen und Beruhigungspille für das schlechte Gewissen bei jenen Religiösen, die die Ethikotheologie hassen, weil sie nur Glauben ohne gute Werke besitzen. War es in der Aufklärung üblich, über das Moralinsaure der Theologen zu klagen, hat die Postmoderne uns statt dessen den moral- und ethikfeindlichen, seufzend auf die Gnade jenseits aller praktischen Vernunft verweisenden Theologen beschert, der Gott nicht etwa bei den Schweinehütern auf dem Wege zur Reue, sondern direkt bei den moralischen Schweinen findet und nichts so sehr verdammt als diejenigen, die diese zu verurteilen wagen.

Das Schwierige ist nicht, an Gott zu glauben, sondern zu glauben, daß wir wichtig für ihn sind. 284
Wichtiger, weil wertvoller sind wir für ihn, wenn unsere Beziehung zu ihm auf Anstrengung basiert. Das kann die der Heiligen oder die der Denker sein.

Weil er sich einbildete, fähig zu sein, der Welt Fülle zu geben, sieht der moderne Mensch, wie sie täglich leerer wird. 285
In Wahrheit ist die Ursache weitaus eher die technische Unterwerfung der Natur, die alle Götter aus ihr verbannt hat und damit nur ein sinnfreies Werkzeug übriggelassen hat, das keine höheren Glückserfahrungen ermöglicht als diejenigen mit einer Sexpuppe.

Wir verzichten leichter auf eine Wirklichkeit als auf ihre Symbole. 285
Denn der Mensch als *animal symbolicum* lebt nicht von der Wirklichkeit allein, sondern von all den Symbolen, die er sich von ihr teils macht, teils von anderen vererbt bekommt.

Wir ermangeln soliderer Gründe, um vorherzusehen, daß es ein Morgen geben wird, als um zu glauben, daß es ein anderes Leben geben wird. 286
Das ist weniger paradox, als es scheint. Unser Glauben an die Gesetzlichkeit der Wirklichkeit, ohne den es keine legitime Induktion gibt, gründet in der Notwendigkeit dieser Gesetze für verantwortliches sittliches Handeln. Das weist auf ein axiologisches Prinzip der Welt. Und dieses mag sehr wohl einen Ausgleich in einem anderen Leben vorsehen.

Die neuen Generationen bewegen sich unter den Trümmern der Kultur des Abendlandes wie eine Karawane japanischer Touristen in den Ruinen Palmyras. 286
Ja, es mag sein, daß Touristen aus einer anderen Kultur eine Vitalität mit sich bringen, die bei den Einheimischen längst geschwunden ist und aus der eine wahre Aneignung erwachsen kann. Die klassische griechische Kultur blühte in Italien und Deutschland wieder auf, nicht in Griechenland, und die klassische deutsche Philosophie mag eher in China weiterentwickelt werden als in Europa.

Die Hand, die nicht zu streicheln wußte, weiß nicht zu schreiben. 287
Aber wenn sie nicht auch den Bogen zu spannen wußte, wird ihr Stil süßlich.

Rhetorik ist alles, was dasjenige überschreitet, was im strengen Sinne erforderlich ist, um sich selbst zu überzeugen. 287
Die widerlichste Rhetorik ist diejenige, bei der man spürt, daß das Wortgeklingel nicht nur andere, sondern auch den Sprecher überzeugen soll, weil er selber nicht an das glaubt, was er von der Kanzel predigt.

Wer behauptet, er respektiere alle Ideen, erklärt sich bereit zu verraten. 288
Wenn die Langeweile der reinen Toleranz an sich selber am Ende die internen und externen Feinde der Toleranz willkommen heißt, um sich und anderen die wirkliche Spannweite des eigenen Geistes zu beweisen, hat die letzte Stunde der liberalen Demokratien geschlagen.

Wir lösen bestimmte Probleme, indem wir beweisen, daß sie nicht existieren, und von anderen bestreiten wir, daß sie existieren, um sie nicht lösen zu müssen. 289
Die größte Infamie des Logischen Positivismus bestand darin, die wichtige Entdeckung, daß es Scheinprobleme in der Philosophie gibt, zur Elimination aller Probleme zu benutzen, an denen der Logische Positivismus scheiterte. Auch das war eine Form der Selbstimmunisierung vor Kritik, wie der Kritische Rationalismus sie sonst bei Marxisten und Psychoanalytikern zu Recht geißelt.

Vom Wichtigen gibt es keine Beweise, sondern nur Zeugnisse. 289
Zeugnisse, und damit auch Zeugen, gibt es von geschichtlichen Fakten. Aber daß die Zeugnisse und die Zeugen zuverlässig sind, wissen wir nur dank ungeschichtlicher Kriterien, die bewiesen werden müssen. Wir vertrauen einer Person, weil sie bestimmten Kriterien entspricht; und erst dann haben wir für eine Übergangszeit das Recht, weitere Kriterien, die sie uns lehrt, zu akzeptieren, auch wenn wir sie noch nicht zu begründen wissen.

Den fremden Gedanken auf seine vermuteten Motive zu reduzieren hindert uns daran, ihn zu begreifen. 290
Sosehr die Hermeneutik des Verdachts erst nach dem immanenten Verstehen aktiviert werden darf, sosehr kann sie uns helfen

zu erklären, warum jemand das denkt, was er denkt, wenn es für sich keinen Sinn gibt. Bei der Hermeneutik des Verdachts selbst ist allerdings der Verdacht naheliegend, daß diejenigen, die mangels intellektueller Gleichrangigkeit einen Gedanken nicht mitzudenken vermögen, sich mit der Motivforschung ein Gefühl der Überlegenheit verschaffen wollen.

Die Nachrichten sind der Ersatz der Wahrheiten. 290
Und deswegen gilt alles als Fake News, wenn keine die Nachrichten transzendierenden Wahrheiten mehr anerkannt sind.

Die metaphysischen Probleme bedrängen den Menschen nicht, damit er sie löse, sondern damit er sie lebe. 291
Doch der Philosoph lebt sie ernsthaft nur, indem er sie zu lösen sucht.

Um vom Techniker die ausschließliche Hingabe an seine Aufgabe zu erreichen, drückt ihm die industrielle Gesellschaft das Hirn zusammen, ohne den Schädel zu deformieren. 291
Auch wenn die Phrenologie als Wissenschaft schon lange tot und begraben ist, ist auf die Physiognomie nicht zu verzichten. Das Zusammendrücken der für die großen philosophischen Fragen zuständigen Hirnpartien zeigt sich bei jenen analytischen Philosophen (es sind nicht alle), die die Arbeit des Architekten durch die des Klempners ersetzt haben, in den Gesichtszügen – einem kurzsichtigen Blinzeln der Augen, einem Rümpfen der Nase über die Tradition und einem Lächeln vermeinter Überlegenheit.

Wer sich respektlos erweist, um seine Gleichheit zu manifestieren, zeigt nur seine Unterlegenheit. 292
Und wer ständig die eigenen Schranken hervorhebt, zeigt nur, wie ernst er sich nimmt.

Der moderne Luxus entwaffnet den Neid. 292
Die Funktion der Trimalchios und Trumps im göttlichen Heilsplan scheint zu sein, zur Askese anzuregen.

Lesen zu lernen ist das letzte, was man lernt. 293
Denn vollständig kann man nur das verstehen, was man im Prinzip selbst hätte hervorbringen können.

Die Sünde hört auf, als Fiktion zu erscheinen, wenn wir den Schlag ihrer ästhetischen Vulgarität voll ins Gesicht bekommen haben. 293
Wer die Sünde nur als ästhetisches Phänomen wahrzunehmen weiß, verdient Schläge noch ganz anderswo als ins Gesicht.

Die Abenddämmerung manchen Lebens hat nicht das Pathos des Untergangs, sondern die Fülle des Mittags. 294
Der gegenwärtige Niedergang Europas erinnert dagegen eher an Norma Desmond in Billy Wilders »Sunset Boulevard«.

Heute besteht das Unglück zahlloser anständiger Seelen darin, daß sie verachten müssen, ohne zu wissen, im Namen von was sie es tun. 295
Man verachtet daher im eigenen Namen. Aber wenn man sieht, daß andere in ihrem Namen ganz anderes verachten, kommen einem erste Zweifel an der eigenen Autorität; und wenn man sich selber besser kennenlernt, stellt man fest, daß man selbst nicht frei ist von Dingen, die ebenfalls verachtet gehören, wenn man konsistent sein will. Aber wie kann man sich selbst im eigenen Namen verachten? Wer hier nicht eine höhere Vollmacht als das eigene Ich zu finden weiß, wird entweder selbstgerechter als alle traditionalistischen Moralisten oder sentimental oder Zyniker.

Die revolutionäre Aktivität des Jugendlichen ist der »Übergangsritus« zwischen Adoleszenz und Bourgeoisie. 296
Die Pose des Reaktionärs ziert am meisten zwischen der bürgerlichen *Midlife Crisis* und dem natürlichen Tode.

Die Qualität einer Intelligenz hängt weniger von dem ab, was sie begreift, als von dem, was sie lächeln macht. 297
Denn es ist eine höhere kognitive Leistung, einzusehen, daß etwas das Begriffenwerden gar nicht lohnt.

Das Beunruhigendste an der Einstellung des gegenwärtigen Klerus ist, daß seine guten Absichten oft unstrittig erscheinen. 297
Das Beunruhigendste an Gómez Dávila ist, daß seine Kritik an der Befreiungstheologie nicht etwa auf den bekannten und triftigen wirtschaftswissenschaftlichen Argumenten beruht, sondern auf einer ehrlichen Verachtung für die Massen, die er ebenso aufrichtig aus dem Geist des Evangeliums zu schöpfen glaubt.

Die Kulturen trocknen aus, wenn ihre religiösen Bestandteile verdampfen. 298
Und sie ersaufen, wenn religiöse Hysterie die Vernunft überwältigt. Nur eine gute Mischung aus Religion und Philosophie hält sie gesund.

Im Ozean des Glaubens fischt man mit einem Netz aus Zweifeln. 298
Im Strom der Philosophie stößt man auf Grund nur, wenn man die performative Inkonsistenz des allgemeinen Zweifels erkannt hat. Aber durch den muß man durch, und nicht alle schaffen es mit heiler Haut.

Der Konsens begründet die Autorität nicht, sondern bekennt sie. 299
Sowohl der Konsens als auch die Autorität bekennen die Vernunft, die sie beide begründet.

Der Künstler konkurriert nicht mit seinen Artgenossen, sondern kämpft mit seinem Engel. 299
Aber es entgeht ihm nicht, daß andere Künstler andere Engel haben und daß es darauf ankommt, dem eigenen Engel durch den Kampf Gehör zu verschaffen.

Wir können nicht beanspruchen, Widersprüche aufzulösen, sondern nur, sie zu ordnen. 301
Aber indem wir sie ordnen, entwickeln wir ein System, das sie am Ende auflöst – siehe Hegels »Enzyklopädie der philosophischen Wissenschaften«.

Die Geschichte des Christentums wäre auf verdächtige Weise menschlich, wenn sie nicht das Abenteuer eines inkarnierten Gottes wäre. Das Christentum nimmt das Elend der Geschichte an, wie Christus das des Menschen. 302
Zwischen der These, daß Christus und die Geschichte der Kirche rein menschlich sind, und der ihr entgegengesetzten, daß beide einen menschgewordenen Gott bezeugen, ist nach dieser Auffassung durch empirische Beobachtungen ebensowenig zu unterscheiden wie zwischen der Lorentzschen Äthertheorie und der speziellen Relativitätstheorie. In solchen Fällen wird man die einfachere Theorie vorziehen. Einfachheit jedoch bedeutet nicht Primitivität, die dort vorliegt, wo das Göttliche aus der Welt ganz gestrichen wird. Ist nicht die einfachste Theorie diejenige, die die Präsenz Gottes in der Geschichte, aber in der Geschichte aller Religionen lehrt?

Aus den Problemen, die beschmutzen, retten uns die Probleme, die ängstigen. 302
Darin liegt der Schlüssel für die Theodizee jener Epochen der Geschichte, in denen die Angst überwiegt – sie reinigen vom Schmutz. (Bei soviel Schmutz wie heute wird sehr viel Angst erforderlich sein.) Doch unbeantwortet bleibt damit: Warum kommt es zum Schmutz, und warum gibt es kein billigeres Reinigungsmittel?

Die Klarheit ist die Beute des Geschlagenen. 303
Und da dem Sieger Klarheit fast immer versagt ist, bereitet er sich die eigene Niederlage in absehbarer Zukunft. Dieser Mechanismus war schon den Griechen unter dem Namen Nemesis vertraut, und auch wenn die Moderne Wort und Begriff weitgehend vergessen hat, wird sie ihn bald am eigenen Leibe spüren.

Das ästhetische Vergnügen ist höchstes Kriterium für wohlgeborene Seelen. 304
Moralisches Werten ist nicht angeboren, sondern das Resultat von Arbeit und auch von Schulderfahrung. Daß das Moralische dem Ästhetischen übergeordnet ist, bedeutet, daß Geburtsaristokratien in der Rangordnung der Werte unter jenen gesellschaftlichen und politischen Systemen stehen, in denen die eigene Stellung durch Arbeit bestimmt ist.

Es gibt keine Ideen, die die Intelligenz erweitern, aber es gibt Ideen, die sie einengen. 305
Besser: Die Erweiterung der Intelligenz ist nur möglich, wenn diese einem Korsett von Regeln folgt.

Mehr als vor der Plebs, die sie beleidigt, müssen wir unsere Wahrheiten vor den Verteidigern, die sie plebejisieren, verteidigen. 306
Feinde können einen töten, aber nicht entehren, unwürdige Nachfolger durchaus. Hat Jesus deswegen der Naherwartung angehangen, weil er sich nicht so vieler derer schämen wollte, die sich auf ihn berufen würden?

Es gibt kein verächtliches Amt, solange man ihm nicht eine Bedeutung zuschreibt, die es nicht hat. 307
Und jedes Amt wird lächerlich, wenn man ihm eine Größe andichtet, die es nicht hat.

Der Irrtum bildet kaum Körner, es sei denn im Schatten der Wahrheit.
Selbst der Teufel zieht sich gelangweilt von den Plätzen zurück, an denen das Christentum erlischt. 307
Alles Negative parasitiert auf dem Guten. Aber es ist ein zu hoher Preis, das Gute zu vernichten, damit man das Schlechte loswerde. Und vielleicht kann man sich mit dem Schlechten versöhnen, wenn es das Gute komplexer werden läßt.

Es ist nicht weil die Kritiken am Christentum gültig erscheinen, daß man aufhört zu glauben, sondern weil man aufhört zu glauben, erscheinen sie gültig. 309
Was das *Erscheinen* der Gültigkeit betrifft, ist dies für nicht-intellektuelle Christen richtig – aber natürlich nicht was die Gültigkeit selber betrifft, die nicht von subjektiven Einstellungen abhängt. Doch was bedingt das Weichen des Glaubens, wenn es nicht Argumente sind, mit denen man sich erst auseinandersetzt, wenn der Glauben schon geschwunden ist? Es sind Erfahrungen, nicht etwa des Leidens, das viel eher zur Religion führt als zu ihrem Verlust, sondern der Leere des Kultus und der Verkündigung.

Die Macht verdirbt mit größerer Sicherheit denjenigen, der sie begehrt, als denjenigen, der sie ausübt. 310
Die Verantwortung, die die Ausübung der Macht mit sich bringt, mag das Verderbnis mindern. Aber nichts zeigte die Verdorbenheit Giulio Andreottis mehr als sein allgemeineres Bonmot: »Die Macht verdirbt denjenigen, der sie nicht hat.«

Wozu man heute Wagemut braucht, ist, nicht zur Verschmutzung beizutragen. 310
Und vermutlich ist der Druck, sich an der Verschmutzung der geistigen Umwelt zu beteiligen, noch massiver als im Fall der Verschmutzung der natürlichen Umwelt.

Es ist besser, das, was man bewundert, beleidigt als benutzt zu sehen. 311
Wer etwas oder jemanden beleidigt, fühlt sich herausgefordert, wer es benutzt, sieht es als reines Objekt an. Und Beleidigungen verletzen nur, wenn man den Beleidigenden achtet; und das tut man fast nie, weil subtile Geister Mißbilligungen indirekter, und damit schmerzhafter, ausdrücken als durch Beleidigungen. Analog sind auch Ehrungen nur so viel wert wie diejenigen, die ehren.

Der Prophet ist nicht Vertrauter Gottes, sondern ein Lappen, der durch heilige Stürme geschüttelt wird. 312
Selbst der Gedanke der Autonomie der Vernunft ist eine sich aufzwingende Eingebung Gottes, d. h. der Vernunft selber.

Nur mittelmäßige Werke zu bewundern oder nur Meisterwerke zu lesen charakterisiert den ungebildeten Leser. 312
Mittelmäßiges soll man immer wieder aus drei Gründen lesen: Aus der Analyse seiner Fehler erkennt man, was Meisterwerke

ausmacht; aus seinem Platz in der Geschichte begreift man die Entwicklungsgesetze des menschlichen Geistes; und man hat eher eine Chance, durch dessen Ausbesserung etwas Bleibendes zu leisten, als wenn man sich an den Meisterwerken zu schaffen macht, die mindestens ebensosehr einschüchtern wie inspirieren.

Der literarische Nationalismus wählt seine Themen mit den Augen des Touristen.
Vom eigenen Land sieht er nur das Exotische. 312
Keiner verrät die eigene Kultur in niederträchtigerer Weise als derjenige, der die offenkundige Wahrheit bestreitet, daß sie das meiste im Austausch mit anderen Kulturen entwickelt hat.

Der Mensch entsteht aus dem Tier, indem er seine Instinkte hierarchisiert. 313
Wenn die Auflösung der richtigen Hierarchie unserer seelischen Kräfte zur Tageslosung der ihre Grundlagen nicht mehr begreifenden Demokratie geworden ist, ist die Tyrannei nicht mehr fern. Denn das Gesetz der Tierwelt ist, daß die größeren Fische die kleineren fressen.

Das Individuum sucht seine Identität nur, wenn es an seiner Qualität verzweifelt. 314
Nichts bewahrt vor Identitätskrisen so sehr wie die Bindung an Standards, die die Person transzendieren.

Wer der Bourgeoisie ihre Tugenden abstreitet, ist von ihrem schlimmsten Laster verunreinigt worden. 314
Wer fremde Größe anzuerkennen vermag (und sei es nur deswegen, weil er weiß, daß er sonst verzwergt), hat das ererbt, was am aristokratischen Regime achtenswert war.

Auf die physiologische Erklärung greift derjenige zurück, der Angst vor der Seele hat. 315
Und wer seine Angst kaschieren möchte, entwickelt unsaubere Begriffe und schließlich Orgon-Akkumulatoren.

In den demokratischen Wahlen entscheidet sich, wen man legal unterdrücken kann. 315
Dazu muß man vorher die Unabhängigkeit der Richter abschaffen. Aber es ist leichter, als man denkt, dafür Mehrheiten zu besorgen: Man braucht nur darauf hinzuweisen, daß Richter anders sind als die Mehrheit.

Die Irrtümer lenken uns von der Kontemplation der Wahrheit ab, indem sie uns verführen, jene mit Schreien zu verscheuchen. 315
Daher muß man die meisten Irrtümer ignorieren. Interessant werden sie für den Philosophen nur dann, wenn sie sich in ein System bringen lassen, dessen Nischen sie sämtlich ausfüllen.

Die Kirche hat ihre Sklerotisierung zu einer Sekte dadurch vermieden, daß sie vom Christen forderte, er müsse Vollkommenheit von sich, nicht vom Nachbarn einfordern. 316
In Zeiten der Moralphobie dient es freilich dem Training der eigenen Zivilcourage, gelegentlich auch von anderen die Moral einzufordern, die man sonst am besten vorlebt.

Alles rollt zum Tode, aber nur derjenige, dem der Mut mangelt, zum Nichts. 316
Es gehört in der Tat Mut dazu, zu einem weiteren Leben bereit zu sein, wenn man dessen Art und Weise realistischerweise aus dem schon bekannten erschließt. Ich bin hauptsächlich wegen meiner unersättlichen Neugierde willens, das Wagnis einzugehen.

Die vier oder fünf unverwundbaren philosophischen Propositionen erlauben uns, uns über die übrigen lustig zu machen. 317
Diese fünf Propositionen sind: Performativ Widersprüchliches ist fasch. Das Mentale ist nicht identisch mit dem Physischen. Das Sollen folgt nicht aus dem Sein. Nur universalisierbare Handlungen sind gerecht. Die Natur ist auf den Geist hin angelegt. Glücklicherweise folgt aus ihnen vieles, das selbst vor Lachen immun ist, aber die Sphäre des zu Verlachenden vergrößert.

Das gegenwärtige Publikum ist das erste, dem man leicht das verkauft, was es weder braucht noch ansprechend findet. 317
Dort, wo der Preis den Wert ausmacht, genügt es der Oberschicht, daß ein Gegenstand sehr teuer ist, damit sie ihn begehrt, und der Unterschicht, daß die Nachbarn ihn auch haben.

Der Fortschrittler träumt von der wissenschaftlichen Unterbringung der Menschheit in einem Stall. 317
Und der Reaktionär möchte sich die Freude an der Jagd nicht nehmen lassen.

Jede Wahrheit wird zwischen einem Ochsen und einem Esel geboren. 317
Nur einige Wahrheiten haben dieses Glück; denn bei aller Dummheit sind Ochs und Esel vegetarische, ja wärmende Tiere. Einige Wahrheiten haben es dagegen geschafft, sich sogar von Wölfinnen säugen zu lassen.

Der Ritualismus der Alltagsunterhaltungen verbirgt uns auf mitleidvolle Weise die elementare Möblierung der Geister, unter denen wir leben.

Um uns Bestürzungen zu ersparen, wollen wir vermeiden, daß unsere Gesprächspartner »das Niveau heben«. 318
Wahrheit ist mehr als Wahrhaftigkeit. Die einzige Weise, in der mancher Mensch daran gehindert werden kann, sich an der Wahrheit zu versündigen, besteht darin, ihm wahrhaftiges Sprechen zu verwehren.

Die Bücher, von denen wir uns nicht verabschieden wollten, pflegen diejenigen zu sein, denen zu nahen wir vermeiden. 319
Auch bei Menschen meiden wir am meisten die sogenannten magnetischen, von denen wir uns nicht mehr lösen können. Sie, nicht die unangenehmen, bedrohen unsere Freiheit.

Ein extremer Ehrgeiz schützt uns vor dem Angeben. 320
Wer Eitelkeit und Stolz verwechselt, ist noch flacher, als wer Eifersucht und Neid gleichsetzt.

Fortschritte nennt man die Vorbereitungen der Katastrophen. 320
Insofern verdient die Moderne ohne jeden Zweifel den Ehrentitel der Epoche beschleunigten Fortschritts.

Der Individualismus predigt die Unterschiede, aber er begünstigt die Ähnlichkeiten. 321
Der verallgemeinerte Individualismus führt zunächst dazu, daß jeder mit unbedingtem Ernst seine je eigene Besonderheit hervorhebt, und alsdann zur Vertreibung all derer, die noch an etwas substantiell Allgemeinem wie der Idee des Gemeinwohls festhalten.

Nur wenige bewundern, ohne sich darum zu kümmern, ob ihre Bewunderung sie in Verruf bringt oder ihr Prestige befördert. 321
Wer bewundert, indem er auf das Publikum schielt, zeigt, daß

ihm die erste Voraussetzung aufrichtiger und wahrer Bewunderung abgeht, die Überwältigung durch das Bewunderte.

Der Liberalismus predigt das Recht des Individuums, sich herabzuwürdigen, solange wenigstens seine Herabwürdigung diejenige des Nachbarn nicht stört. 322
Der demokratische Liberalismus kommt freilich zu dem Schluß, daß eine individuelle Verweigerungshaltung gegenüber der allgemeinen Herabwürdigung eine unverschämte Beleidigung der Mehrheit darstellt, die nicht zugelassen werden darf.

Das Vermögen demoralisiert unweigerlich, wenn ihm keine politische Funktion beigesellt ist.
Sogar die Plutokratie ist dem unverantwortlichen Reichtum vorzuziehen. 323
Man vergleiche zur Bestätigung dieses Satzes die früheren republikanischen Präsidenten mit Donald Trump, der vor dem Einzug ins Weiße Haus nie ein öffentliches Amt innehatte und sich auch heute Memoranda zu lesen weigert, weil er lieber Golf spielt.

Wir suchen vergeblich das Warum gewisser Dinge, weil wir das Warum der entgegengesetzten Dinge suchen müßten. 324
Gewiß muß man sich zuerst fragen, woher die menschliche Fähigkeit zum Wahren und Guten kommt, bevor man nach den Ursachen der Irrtümer und des Bösen sucht. Aber es ist die plausibelste Antwort auf die erste Frage, die die Beantwortung der zweiten so schwermacht.

Da der intellektuelle Apparat unserer Zeitgenossen ausschließlich für Ideen in der durch die modernen Dogmen autorisierten Frequenz empfänglich ist, haben die schlauen Demokratien begriffen, daß die Zensur überflüssig ist. 324

Es ist nur die staatliche Zensur, die überflüssig geworden ist; stattdessen gibt es ein ganzes Heer von Journalisten, Lektoren und anderen Kulturschaffenden, die es sich zur Lebensaufgabe gemacht haben, die Homogenität gehobenen Meinens sicherzustellen.

Das Mitleid, das wir den einen zeigen, hilft uns, den Neid zu rechtfertigen, den die anderen in uns erregen. 325
Und die richtige Beobachtung, daß Mitleid für das eigene Selbstwertgefühl eine geringere Kränkung darstellt als das Bewundern der Überlegenen, hilft dem Reaktionär, sich auf seine Gleichgültigkeit gegenüber der Not noch etwas einzubilden.

Wer sich für originell hält, ist nur unwissend. 326
Chance auf wirkliche Originalität hat nur, wer die Klassiker gut kennt, sie nicht für unfehlbar hält und den Lärm des Unbedeutenden zu überhören vermag.

Der Mensch geht weniger auf die Jagd von Wahrheiten aus als auf die von Ausflüchten. 327
Und doch stolpert er auf den Fluchtwegen oft über Wahrheiten, die ihm sonst nie aufgegangen wären.

Unser geistiges Erbe ist so reich, daß der schlaue Dummkopf es nur ausbeuten muß, um dem schwerfälligen Dummkopf klüger zu erscheinen als ein intelligenter Mensch von gestern. 328
Wenn aber der schwerfällige Dummkopf den Betrug endlich merkt, haßt er alle, die mit dem Erbe umzugehen wissen, auch diejenigen, die es auf hohem Niveau weiterführen. Diese sollten sich daher rechtzeitig zusammentun, um die schlauen Dummköpfe zu entlarven, sonst werden die Antiintellektuellen die Weltherrschaft übernehmen.

Die Bildung heilt die Dummheit nicht, sie rüstet sie aus. 328
Es ist noch nicht riskant, die Dummköpfe zu bilden, solange die intelligenten Gebildeten vorherrschen; denn sie erkennen und verachten sofort die Gebildeten unter den Dummköpfen. Aber sobald diese die Mehrheit im Kulturbetrieb bilden, ist eine Kultur unrettbar verloren.

Der Teufel sponsert die abstrakte Kunst, denn darstellen heißt sich unterwerfen. 328
Und die Unterwerfung ist am intensivsten vor einem bedeutenden Gesicht; deswegen ist die Porträtkunst als erste der modernen Kunst zum Opfer gefallen.

Die Nationalgeschichten sind schließlich allesamt in einen degenerierten Okzidentalismus eingemündet. 329
Die größte Gefahr der Globalisierung ist, daß am Ende keine Kelten und Germanen mehr übrigbleiben, die das Erbe des aus inneren Gründen zusammengebrochenen Römischen Reiches weiterführen können.

Der Demokrat beglaubigt die öffentlichen Meinungsumfragen wie heilige Urkunden. 329
Wenn Evidenz, Autorität und Kohärenz keine Wahrheitskriterien mehr sind, bleibt nichts übrig als der möglichst weitreichende Konsens der Meinungen.

Um das Volk zu unterdrücken, ist es erforderlich, im Namen des Volkes das abzuschaffen, was sich vom Volk unterscheidet. 330
Denn nur wer aus der Masse heraustritt, kann die Gefahren erkennen, die ihr aus ihr selbst hervorwachsen.

Wer sich unter Kunstwerken nicht wie unter gefährlichen Tieren bewegt, weiß nicht, zwischen was er sich bewegt. 330
Kunstwerke sind gefährlich aus zwei ganz unterschiedlichen Gründen. Einerseits mögen wir die kognitive und moralische Herausforderung verpassen, die von ihnen ausgeht, und dadurch schuldig werden. Andererseits können wir ihnen aber so verfallen, daß wir das Ästhetische dem Ethischen und Logischen überordnen.

Der Glaube ist nicht eine Überzeugung, die wir verteidigen müssen, sondern eine Überzeugung, gegen die wir uns nicht zu verteidigen vermögen. 330
Jede philosophische Idee im emphatischen Sinne ist nicht etwas, das wir haben, sondern etwas, das uns ergriffen hat und uns erst gestattet, andere, untergeordnete Gegenstände zu haben.

Dem arroganten Subjektivismus dessen, der sich für das Maß hält, stellt sich der demütige Subjektivismus desjenigen entgegen, der sich weigert, Echo zu sein. 331
Es gibt keine bessere Metapher für das Selbstverständnis dessen, der weiß, daß nicht er das Maß ist, und der trotzdem kein Papagei anderer sein will, als sich zu deuten als das Bild des Absoluten.

Gegen den Strom zu schwimmen ist keine Dummheit, wenn das Wasser auf eine Stromschnelle zufließt. 331
Selbst wenn es das nicht tut, ist es zur Stärkung der Muskeln empfehlenswert, es immer wieder zu versuchen – u.a. damit man es beherrscht, wenn man die Stromschnellen zu hören beginnt.

Der gegenwärtige Denker führt uns durch ein Labyrinth von Begriffen an einen öffentlichen Ort. 331
Es ist das Mißverhältnis zwischen theoretischem Aufwand und Trivialität der Resultate, selbst dann, wenn sie richtig sind, das einem soviel an der analytischen Philosophie vergällt. Mathematiker dagegen wissen, daß ein genialer Beweis einfach ist.

Das allgemeine Stimmrecht ist heute weniger absurd als gestern: nicht weil die Mehrheiten gebildeter sind, sondern weil die Minderheiten es weniger sind. 332
Wenn aber weder den Mehrheiten noch den Minderheiten noch traditionellen Autoritäten wie den Kirchen zugetraut wird, daß sie die politischen Probleme lösen, ist das *bellum omnium contra omnes* das wahrscheinlichste Endergebnis.

Um zu lernen, daß die wertvollsten Güter die verbreitetsten sind, bedarf es einer langen Lehre. 333
Nur der Intellektuelle, der keine Angst vor Gemeinplätzen hat, liebt die Wahrheit mehr als die Karriere.

Die nationalistische Eitelkeit des Staatsbürgers eines wichtigen Landes ist die ergötzlichste: weil der Gegensatz zwischen dem Bürger und seinem Land in diesem Fall noch größer ist. 333
Der Gegensatz zwischen dem Arbeitslosen, der von seiner Frau verlassen wurde, und der Aufschrift seiner Mütze »Make America great again« ist schrill und insofern erheiternd; aber das Lächeln gefriert einem, wenn diese Menschen zur Kolonne werden, die einem Demagogen folgt. Selbst Mitleid, an sich eine legitime Reaktion, darf ihnen nicht gezeigt werden; sonst marschieren sie mit noch mehr Wut.

Ein moderner Vater ist derjenige, der zu finanziellen Opfern bereit ist, damit seine Kinder ihn nicht fortsetzen, ersetzen oder nachahmen. 333
Kann es ein deutlicheres Zeichen interesseloser Liebe geben, als daß man den Kindern ein besseres Leben wünscht? Doch gibt es eine größere Tragödie, als wenn man dabei das Gegenteil des Beabsichtigten erreicht?

Der Dialog besteht nicht aus Intelligenzen, die diskutieren, sondern aus Eitelkeiten, die einander bekämpfen. 333
Auch wenn man zugestehen muß, daß dies meist der Fall ist, ist doch die Verabschiedung eines unaufgebbaren Ideals der kommunikativen Vernunft selbst ein Akt enormer Eitelkeit.

Die klassischen Sprachen haben erzieherischen Wert, weil sie vor der Vulgarität sicher sind, mit der das moderne Leben die gesprochenen Sprachen verdirbt. 334
Allgemein hat der Tod den Vorzug, daß er den Verfall beendet. Die Hoffnung auf das Paradies ist die Aussicht auf ein Gefrorensein des idealen Wesens, das trotzdem des Lebens nicht bar ist.

Der wahre Leser klammert sich am Text, den er liest, so fest wie ein Schiffbrüchiger an einem schwimmenden Brett. 336
Dabei genießt der Leser zwei Vorzüge: Im Prinzip können sich unbegrenzt viele an demselben Brett festhalten, und sie können vom Brett um so mehr haben, je mehr sie ihre Erlebnisse austauschen. Das Brett des Karneades ist weniger kommunikationsfreundlich, weil es ein physischer Gegenstand ist.

Der Moderne bildet sich ein, es genüge die Fenster zu öffnen, um die Ansteckung der Seele zu heilen, und daß es nicht nötig sei, den Müll wegzufegen. 336

Die westliche Kultur der letzten Jahrzehnte ist eher noch jenen französischen Adligen zu vergleichen, die sich nicht mehr wuschen, sondern immer neue Schichten von Make-up auf ihr Gesicht strichen.

Auch gegen die intellektuelle Sprache einer Zeit kann man nur in dieser selbst anschreiben. 337
Aber man merkt an dem Stil, ob man sich deren Vorurteile zu eigen gemacht hat oder von einer inneren Distanz aus kritisiert.

Der demokratische Atheismus bestreitet nicht die Existenz Gottes, sondern nur seine Identität. 338
Gott *existiert* zwar nicht, weil nur Endliches diese Seinsform hat; ein höchstes Prinzip muß jedoch als *seiend* angenommen werden. Was es genau ist, ist die einzig interessante Frage der philosophischen Theologie, die man völlig verfehlt, wenn man lehrt, man kenne nur Gottes Sein, aber nicht sein Wesen. Ein Sein, dessen Wesen wir nicht kennen, ist nicht viel wert, nicht einmal die ständigen Wiederholungen der apophatischen Theologie. Wenn man Gott weder moralische noch geistige Attribute zuzusprechen wagt, soll man auf den Begriff am besten ganz verzichten.

Wenn der Theologe das Warum eines Aktes Gottes erklärt, schwankt der Zuhörer zwischen Entrüstung und Heiterkeit. 339
Erklärungen eines einzelnen Aktes Gottes lösen zu Recht diese Reaktionen aus. Aber wenn selbst die Annahme eines Gesamtplanes Gottes für die Welt als abwegig verworfen wird, wird »Gott« zu einem leeren Namen, der auch für Zufall stehen kann.

Die öffentlichen Gesten sollten durch den strengsten Formalismus reguliert sein, um jene falsche Spontaneität zu verhindern, die dem Trottel so gefällt. 339
Dieser Formalismus kann nicht das Resultat eines bewußten Wollens sein, sondern nur uralter Traditionen. Hat man das Glück, daß sie noch halbwegs funktionieren wie in der britischen Monarchie oder in der katholischen Messe, sei man mit Reformen sehr vorsichtig. Als Alternative drohen die witzelnden Bischöfe und die sich bei den Journalisten anbiedernden Minister der Talkshows.

Großer Künstler ist offenkundig derjenige, der bestürzt.
Aber großer Künstler ist nicht derjenige, der vorhat zu bestürzen, sondern der damit beginnt, selbst bestürzt zu sein. 340
Andere bekehren kann nur, wer selbst eine Bekehrungserfahrung durchgemacht hat und Risiken eingegangen ist. Nur er vermeidet den geölten Ton beamteter Geistlicher, denen man manchmal anhört, daß sie eine Schauspielerkarriere erwogen haben.

In der letzten Ecke des Labyrinths der Seele knurrt ein verschreckter Affe. 341
Auch wenn die menschliche Seele zweifelsohne ein Labyrinth ist, ist die Metapher irreführend; denn der Affe verirrt sich nicht in diesem Labyrinth, sondern kommt in Krisen erstaunlich schnell zum Vorschein.

Zum zweiten Band der »Nuevos escolios a un texto implicito«

Wer von allen literarischen Genres der Philosophie den Dialog am meisten schätzt, aber doch den Aphorismus liebt, muß das Genre des Gegenaphorismus erfinden und immer wieder erproben.

Da das Wahre das Ganze ist, lädt der Aphorismus, der per definitionem keine Frage vollständig abdecken will, nicht nur zu Erweiterungen und Ergänzungen, sondern auch zu seiner eigenen Negation ein. Wenn diese ebenfalls aphoristisch vorgetragen wird, kann auch sie nicht die ganze Wahrheit sein.

* * *

Worauf es fast allen ankommt, ist nicht, recht zu haben, sondern daß sie recht haben. 345
Es wäre verlogen und daher nicht recht zu bestreiten, daß Menschen, die argumentieren, endliche Selbstbehauptungssysteme bleiben, die sich über den Triumph ihrer Sicht der Dinge freuen. Aber es bleibt noch ein großer Unterschied, ob man meint, daß man selber die Vernunft in der Tasche hat, oder erfährt, daß es die Vernunft ist, die einen besitzt.

Die größte Respektlosigkeit gegenüber dem Kunstwerk besteht darin, sie als teuren Gegenstand zu behandeln.
Glücklicherweise kann kein reicher Protz ein Gedicht an die Wände seines Hauses hängen. 345
Wer Preis und Wert verwechselt, begeht die Sünde wider den Heiligen Geist, die bekanntlich nicht vergeben werden kann.

Zwar entspringt die Diktatur des Marktes universalistischem Geiste; denn dank seiner wird derjenige reich, der die meisten Bedürfnisse anderer Menschen befriedigt. Aber wer nicht begreift, daß die Bedürfnisse selbst einem Urteil unterstehen, dessen letzter Maßstab der Geist ist, schafft es nicht einmal, die Grundbedürfnisse kommender Generationen zu befriedigen.
Je materieller eine Kunst ist, desto mehr ist ihre Produktion auf den Markterfolg angewiesen, sofern es keine großen ererbten Vermögen in den Händen einer Aristokratie mit Geschmack mehr gibt. Die Poesie ist als die am wenigsten materielle der Künste diejenige, die sich die größte Unabhängigkeit vom Markt leisten kann, Architektur und Film dagegen die geringste.
Jene Geschichtsepochen, in denen ein aristokratischer Geschmack noch besteht und eine universalistische Ethik ihren Aufstieg beginnt, sind die künstlerisch subtilsten, wie in der europäischen Kultur von 1500 bis 1900. Vorher fehlen Gerechtigkeit und Vernunft, nachher der Geschmack. Die Balance zwischen beiden war das Erfolgsgeheimnis des Katholizismus.

Der Trivialisierung, die in die Welt einfällt, können wir Widerstand leisten, indem wir Gott als Nachhut wiederbeleben. 345
Wer eine Zyklentheorie der Philosophiegeschichte vertritt, weiß, daß die Nachhut morgen zur Avantgarde wird.

Wenn man diejenigen beobachtet, die das erhalten, was wir begehren, wird es uns weniger wichtig, es zu erhalten. 346
Nichts befreit einen von der Sehnsucht nach öffentlicher Aufmerksamkeit mehr als die Helden und Heldinnen der heutigen Talkshows.

Ein Denken darf sich nicht symmetrisch wie eine Formel ausbreiten, sondern unordentlich wie ein Busch. 347

Am besten ist der Denker, der durch den englischen Park der Erfahrungen des Bewußtseins getollt ist und dann den französischen Park der Enzyklopädie errichtet.

Nur wir können die Wunden vergiften, die man uns schlägt. 347
Es ist die Ehre des Geistes, daß es stets er selbst ist, der der letzte Ursprung seines eigenen Untergangs ist.

Der »religiöse Unterricht« scheint manchmal erfunden zu sein, um die religiöse Wirksamkeit der Liturgie zu neutralisieren. 348
Wer die Liturgie genießen will, ohne ihren Sinn zu begreifen, hat die Religion an die Ästhetik verraten. Daß er das nicht weiß, macht ihn zwar weniger schuldig, aber objektiv abstoßender als den Ästhetizisten.

Gier, Begierden, Leidenschaften bedrohen nicht die Existenz des Menschen, solange sie sich nicht zu Menschenrechten erklären, solange sie nicht Fermente des Göttlichen sind. 349
Den geistigen Mittelstand kann und soll man dulden, solange er nicht mit der Prätention auftritt, aufgrund der gottverliehenen Gleichheit aller ebenso ernst genommen zu werden wie die größten Geister der Menschheit. Gibt es ein Volk, in dem dieser Anspruch kollektiv Fleisch geworden ist, ist dies das US-amerikanische.

»Göttlichen Rechtes« zu sein beschränkte den Monarchen; der »Mandatar des Volkes« ist Vertreter des absoluten Absolutismus. 349
Nichts ist gefährlicher als eine Menschheit, die an nichts Höheres als sich selbst glaubt. Es ist eine groteske Verharmlosung und zudem eine Verleumdung der Tiere, zu sagen, daß eine solche Menschheit vertiert; ohnehin ist dem Geist der Weg zu früheren Gestalten versperrt. Der atheistische Führer der totalitären

Staaten ist ein Scheusal, das die Jahrhunderttausende der Hominisation einschließlich der neuesten Geschichte voraussetzt, in seinem Selbstbild nicht weniger als in seinen Machtmitteln.

Die intelligente Verallgemeinerung muß die erkennbare Spur der besonderen Tatsache mitbringen, die sie anregt. 350
Deswegen ist einerseits Soziologie ohne Basis in der Historie so leer und andererseits das phantastische Allgemeine der Kunst durch nichts – nicht einmal die Philosophie – ersetzbar.

Das Verschwinden des Bauerntums und der klassischen Philologie hat die Kontinuität mit der Vergangenheit unterbrochen. 351
Der Reiz von Vergils »Georgica« besteht darin, daß das Werk uns auf doppelte Weise mit unseren Ursprüngen verknüpft.

Der Mensch wird letztlich durch die Motive motiviert, die man ihm unterstellt. Eine Bestie, wenn man ihm sagt, seine Seele sterbe mit der Seele der Tiere; wenigstens ein Tier, das sich schämt, wenn man ihm sagt, er habe eine unsterbliche Seele. 351
Und wer es für richtig hält, sich zu schämen, selbst wenn er es nicht sicher weiß, sondern es Gottes Urteil überläßt, ob er eine unsterbliche Seele hat, ist vielleicht schon gar kein Tier mehr.

Wenn in der Gesellschaft nichts mehr Achtung gebietet, müssen wir uns in der Einsamkeit neue schweigende Loyalitäten formen. 352
Aus dem Tagungstourismus flüchtet man in eine Bibliothek mit den Büchern der größten Geister.

Die literarischen Genres entstehen und verfallen ebenso geheimnisvoll wie die Reiche. 352
Bis Friedrich Schlegel und Giambattista Vico das Geheimnis entschlüsseln.

Der Teufel kann nichts Großes bewirken ohne die zerstreute Zusammenarbeit der Tugenden. 353
Wegen der deutschen Tugenden war der Nationalsozialismus so viel schrecklicher als der Faschismus. – Folgesatz: Zerstreutheit ist keine läßliche Sünde mehr, wenn der Teufel zu Gast ist.

Ihre Perioden der Toleranz dienen der Menschheit, um eine neue Intoleranz zu formen. 254
Das beweist einerseits, daß das Bedürfnis nach gesellschaftlichem Konsens eine anthropologische Konstante ist; es ergibt sich aus der Notwendigkeit der Kooperation in einem Staat und vielleicht noch mehr aus der Verunsicherung, die die abweichende Meinung zumal eines intelligenten Menschen darstellt, selbst wenn sie nicht die geringste Chance hat, die gängigen Denkweisen abzulösen. Andererseits bietet die liberale Diktatur des politisch Korrekten doch einen neuen Anblick – den schreienden performativen Widerspruch zwischen dem Bekenntnis zur Differenz und der Wut auf diejenigen, die die Differenz nicht für die fundamentale Kategorie des Denkens halten. Die Wut wird zum Haß, wenn die Minderheitenposition es wagt, sogar gute Argumente anzuführen.

Das Leben des Modernen spielt sich zwischen zwei Polen ab – Geschäft und Koitus. 354
Demjenigen Koitus freilich, der der Entspannung vom Geschäft dient, fehlen die mentalen Qualitäten nicht nur desjenigen, der Ausdruck von Liebe ist, sondern selbst desjenigen, der eine vitale Eruption höherer Vertebraten ist.

Der Überfluß an Übersetzungen hat die Übertragung ihrer Funktion einer selektiven Geste beraubt.
Die Übertragung war Vorwegnahme der Nachwelt; heute ist sie ein verlegerisches Geschäft. 355

Daß die Explosion an Publikationen in fast allen Sprachen uns alle äußeren Kennzeichen langfristigen Erfolges entzogen hat, hat immerhin den Vorteil, daß derjenige, der wissen will, was bleiben wird, sich ausschließlich auf interne Kriterien konzentrieren muß.

Die didaktische Funktion des Historikers besteht darin, jede Epoche zu lehren, daß die Welt nicht mit ihr begann. 356
Keiner bedarf dieser Lektion dringender als der analytische Philosoph.

Nichts übertrifft die Schönheit loyaler Liebe, der Liebe, die nicht Loyalität zur Liebe, sondern Loyalität der Liebe selbst ist. 356
Die Loyalität zur Liebe ist immerhin die reife Form des Verliebtseins in die eigene Liebe, aber wie dieses ermangelt sie des wirklichen Bezuges auf die andere Person und ist daher keine wahre Liebe.

Täglich wird es leichter zu wissen, was wir verachten müssen: was der Moderne bewundert und der Journalismus anpreist. 357
Der Reaktionär, der zu Recht erkannt hat, daß es kein externes Kriterium für positive Qualität gibt, will wenigstens für das Schlechte ein solches gefunden haben. Wenn es denn so einfach wäre!

Den Schwachsinnigen anzuklagen bedeutet nicht, daß wir ihn abschaffen wollen. Wir wollen Vielfalt um jeden Preis.
Aber der Zauber der Verschiedenheit darf uns nicht daran hindern, korrekte Werturteile abzugeben. 358
Im Morast eines politisch korrekten Zeitalters sich regelmäßig mit Gómez Dávila auseinanderzusetzen ist eben wegen dieses Zaubers erfrischend und verjüngend. Das heißt nicht, daß er recht hat.

Hüten wir uns davor, denjenigen zu mißachten, der die notwendige Dummheit besitzt, um die Institutionen korrekt funktionieren zu lassen! 359
Und da Dummheit nun einmal Appetit auf Spott erregt, kompensieren wir unsere Zurückhaltung, indem wir uns an denjenigen gütlich tun, die mit ihrer Dummheit die Institutionen auch noch zersetzen!

Der Mensch erträgt leichter die Verfolgung als die Gleichgültigkeit. Was hat der moderne Klerus nicht getan, um etwas Aufmerksamkeit auf sich zu ziehen! 359
Damit hat er nur einen Mangel an Glauben gezeigt; denn wer Gott auf seiner Seite weiß, dem ist die Gleichgültigkeit der anderen selbst gleichgültig.

Lösung nennt man die zeitweilige Unempfindlichkeit für ein Problem. 360
Das klassische Beispiel für eine derartige »Lösung« ist die »Überwindung« aller metaphysischen Probleme durch den Logischen Positivismus gewesen.

Der Moment größter Klarsicht des Menschen ist derjenige, in dem er an seinem Zweifel zweifelt. 363
Und ein unerschütterliches Fundament des Denkens ist erreicht, wenn er die Voraussetzungen begreift, die jedem Zweifel zugrunde liegen.

Der gefährlichste Analphabetismus ist nicht derjenige dessen, der alle Bücher mißachtet, sondern derjenige dessen, der sie alle achtet. 365
Denn der ungebildete Analphabet besitzt oft einen inneren Kompaß, der sich aus einer mündlichen Tradition speist und ihm die Richtung weist. Aber bei wem Bildung dazu führt, daß

er sich keine differenzierenden Werturteile mehr zutraut, der hat einen Kompaß erworben, der sich überall so verhält, wie ein guter es nur am magnetischen Nordpol tut.

Solange sie nicht die Unbedachtheit begeht zu schreiben, gilt manche öffentliche Figur als intelligent. 366
Und wenn ihr Buch sogar ein Bestseller wird, erhalten Millionen die Chance zu lernen, daß sie sich geirrt haben.

Das Problem der Erziehung der Erzieher ist ein Problem, das der Demokrat in seinem Enthusiasmus für die Erziehung der Educandi vergißt. 366
Wer es nicht vergißt, wird in die zentralen Bücher seines »Staats« eine Metaphysik integrieren.

Die Lösung, die nicht bereit ist, über sich selbst zu lachen, verroht oder verdummt. 367
Ohne Humor ist die *conditio humana* nicht zu ertragen. Aber wenn er dazu führt, daß man deswegen ganz auf Lösungen verzichtet, hört bei mir das Lachen auf.

Die Spiritualität verbittet sich zu sehr jedes spirituelle Lächeln. 368
Denn der Humor ist das einzige Gegenmittel, das die Frömmigkeit vor Bigotterie bewahrt.

Nie an die Teile denken, ohne von ihrem Ganzen auszugehen, ist ein sehr schlechtes Rezept für das Handeln, aber das einzige, das uns davor bewahrt, in einer sinnlosen Welt zu leben. 368
Die eigentliche Leistung besteht darin, für das kleinere Übel Partei zu ergreifen, ohne das relative Recht der Gegenseite zu verkennen und ohne zu bestreiten, daß die eigene relative Überlegenheit noch nicht der Standpunkt Gottes ist.

Das Christentum ist die Religion desjenigen, der jeden Augenblick so lebt wie den eines möglichen Erdbebens. 369
Nur wer des eigenen Todes stets gewärtig ist und trotzdem keine Angst hat, weil er weiß, daß die Welt auch ohne ihn auskommt, und weil er sich für sich selbst auf Gott verläßt, ist religiös.

Das Fiasko des Fortschritts hat nicht in der Nicht-Erfüllung, sondern in der Erfüllung seiner Versprechen bestanden. 370
Ebendeswegen besteht die Hoffnung, daß die Menschheit nach der technischen Lösung der Probleme sich wieder auf den Geist besinnt.

Reif werden heißt entdecken, daß jeder begehrte Gegenstand nur die Metapher des transzendenten Gegenstandes unseres Begehrens ist. 370
Das, was am konsumistischen Begehren fast ebenso widerlich ist wie die Gleichgültigkeit gegen dessen ökologische Konsequenzen, ist der Mangel an Stolz in der Zielsetzung.

Das Fragment ist Medium des Ausdrucks desjenigen, der gelernt hat, daß der Mensch unter Fragmenten lebt. 371
Und das System ist Medium des Ausdrucks desjenigen, der diese vergänglichen Fragmente als Gleichnis des Absoluten zu lesen vermag.

Ein einziger Paragraph, der Sinn hat, reicht, damit wir die Inkohärenz des Textes unserer Unerfahrenheit zuschreiben müssen. 372
Eine einzige Erfahrung wirklicher Schönheit würde uns erlauben, auf einen Sinn der ganzen Welt zu schließen, wenn wir schon wüßten, daß sie Ausdruck eines Geistes ist.

Eine Nation »entmystifiziert« ihre Vergangenheit nicht, ohne ihre gegenwärtige Substanz verarmen zu lassen. 373
Und eine Nation verklärt die Sünden ihrer Vergangenheit nicht, ohne die Laster fortzusetzen, denen sie entsprangen.

Vollkommene Heiterkeit des Augenblicks, in dem es scheint, daß uns eine unbegreifliche Mitwisserschaft an Gott bindet. 375
Nur dies übersteigt das Gefühl, den göttlichen Plan für die Welt zu kennen, nämlich: sich der Rolle klarzuwerden, die man in ihm spielt.

Der demokratische Herrscher kann keine Lösung verabschieden, solange er nicht die enthusiastische Unterstützung derjenigen erhält, die nie das Problem begreifen werden. 376
Sofern er wenigstens selber das Problem begreift und außerdem rhetorisch geschickt ist, mag man damit leben. Aber wenn seine Ausbildung nur im Lernen von Manipulationstechniken besteht und er selbst die Sachprobleme nicht mehr versteht, sind politische Katastrophen unausweichlich.

Der Mensch begeht nicht die schlimmsten Dinge, solange er nicht behauptet, sein Gewissen zwinge ihn, sie zu begehen. 378
Das ist nicht nur deswegen wahr, weil ein Verbrechen mit der Prätention guten Gewissens abstoßender ist als ein solches mit schlechtem Gewissen, ja weil dies oft mit der ruchlosen metaethischen Überzeugung verbunden ist, etwas sei deswegen gut, weil man es für gut halte. Auch material tendiert ein Verbrechen »aus gutem Gewissen« wegen des Universalismus der modernen Ethik heute zur Ausbreitung. Was den Holocaust von früheren Pogromen unterscheidet, ist genau dieser Wille, das »Rechte« an *allen* Juden zu vollstrecken.

Die begriffliche Verschmutzung der Welt durch die moderne Mentalität ist schlimmer als die der Umwelt durch die zeitgenössische Industrie. 379
Unter anderem freilich deswegen, weil der moralische Relativismus die Minderung der Umweltzerstörung unmöglich macht.

Die Poesie rettet die Dinge, indem sie in der Metapher die Materie mit dem Geist versöhnt. 379
Aber sie tut das im Medium des Wortes. Der Film geht darüber hinaus: Wir *sehen* das Bild, das metaphorisch für das Gesagte steht.

Die Anonymität der modernen Gesellschaft zwingt jedermann dazu, wichtig zu tun. 380
Und wenn man bemerkt, daß das Gegenüber Mitleid empfindet, weil die Wichtigtuerei nur den Mangel an Herkunft und eigener Substanz kompensiert, kann man darauf nur damit reagieren, daß man noch wichtiger tut.

Reaktionär zu sein bedeutet zu begreifen, daß der Mensch ein Problem ist ohne menschliche Lösung. 381
Christ zu sein bedeutet, darauf zu vertrauen, daß bei intelligenter Bändigung der tierischen Seiten der menschlichen Natur der göttliche Geist den Menschen inspiriert.

Edel ist die Gesellschaft, die, um sich zu disziplinieren, nicht darauf wartet, daß Katastrophen sie disziplinieren. 382
Am ordinärsten und dümmsten ist die Gesellschaft, die nicht einmal mehr weiß, daß Katastrophen diejenigen disziplinieren, die sich selbst nicht zu disziplinieren vermögen.

Originalität ist nicht etwas, das man sucht, sondern etwas, das man antrifft. 382
Wer originell sein will, hat schon verloren.

Zu den Lastern der Demokratie muß man die Unmöglichkeit rechnen, daß in ihr jemand eine wichtige Stelle besetzt, die er nicht erstrebt. 384
Eine politische Position soll man einerseits wollen, weil man sie sonst nicht verteidigen wird, wenn sie angegriffen wird. Andererseits hat die Autorität der ererbten Ämter der Krone und des Oberhauses sicher damit zu tun gehabt, daß ihre Träger stolz, aber ohne kleinen Ehrgeiz waren. Die eitlen Streber kann auch die Demokratie nur ertragen, wenn sie sie bald durch andere ablöst – was der Kontinuität langfristiger Planung nicht dient.

Bei der Scheidung von Religion und Ästhetik weiß man nicht, welche zuerst verdirbt. 385
Religion ohne Kunst wird süßlicher Kitsch, Kunst ohne Religion frivoles Spiel.

Angesichts des raschen Veraltens von allem in unserer Epoche lebt der Mensch heute in einer psychologisch kürzeren Zeit. 385
Nur wer ein Ziel hat, auf das hin er alle seine Erlebnisse und Taten mißt, lebt lange. Wer sich treiben läßt, lebt nur Momente, selbst wenn sie sich zu einem Jahrhundert addieren.

Unsere täglichen Gesprächspartner und unsere Lieblingsautoren können nicht zu derselben biologischen Art gehören. 386
Wenig ist abstoßender als das Ressentiment, das große Menschen auf das eigene Niveau herunterzieht und jede Differenz leugnet. Aber zu diesen wenigen Dingen gehört die Verklärung

dieser Menschen zu Übermenschen, weil dann nur ein kleiner Schritt ist zur Herabsetzung des Restes ins Untermenschentum und zur Zersetzung jeder Idee von Gerechtigkeit.

Um aus diesem Kerker zu entfliehen, muß man lernen, nicht mit dessen unstrittigen Annehmlichkeiten zu paktieren. 387
Das schreibt sich leichter in einer schönen Tudor-Villa nieder als in einem Kellerloch. Aber aus dem letzteren klingt es überzeugender.

Der Mensch verdankt oft seinen Fehlern die Niederlagen, die er vermeidet. 388
Das folgt daraus, daß nichts gefährlicher ist als die Kombination vieler Fehler mit einigen Tugenden.

Das ästhetisch befriedigende Verhalten ist das ethische. 388
Aber nur dann, wenn beim moralischen Handeln nicht an Ästhetisches gedacht wurde.

Die schlimmste Verantwortungslosigkeit besitzt derjenige, der, ohne dazu gezwungen zu sein, jede Verantwortung übernimmt. 389
Denn die erste Verantwortung hat man dafür, zu entscheiden, welchen Verantwortungen für andere man gewachsen ist. Das beginnt mit Ehe und Elternschaft.

Der freche Versuch, »the ways of God to man« zu rechtfertigen, verwandelt Gott in einen bestürzten Pädagogen, der didaktische Tricks ersinnt, die gleichzeitig grausam und kindisch sind. 389
Die Weigerung, das Theodizeeproblem zu durchdenken, schafft ein geistiges Äquivalent des Untertanengeistes.

Die Wahrheit wohnt in der unbestimmten Zone, in der sich entgegengesetzte Prinzipien kreuzen und wechselseitig korrigieren. 390
Es ist der Park, in dem Aphorismen und Gegenaphorismen wuchern.

Ein wohlgenährter Zettelkasten, eine imponierende Bibliothek, eine ernsthafte Universität produzieren heute jene Lawinen von Büchern, die weder einen Fehler noch einen Treffer enthalten. 390
Es handelt sich um Bücher, die den gleichen Geschmack wie Gummi haben.

Jeder Akt von Hochmut schüttet eine Quelle zu. 391
Denn wem man signalisiert, daß man von seinesgleichen nichts braucht, der läßt sein Wasser auch dann nicht sprudeln, wenn man dürstet.

Die Mehrzahl der Personen sollen wir nicht darum bitten, ehrlich, sondern stumm zu sein. 393
Denn Ehrlichkeit ist nur dann eine Tugend, wenn der Bewußtseinsstrom, den sie ausdrückt, wertvoll ist. Die Ehrlichkeit wird zur Haupttugend nur dann, wenn jedes Wissen um die im Bewußtsein zu verwirklichenden Werte verlorengegangen ist.

Die Treue einer Lehre gegenüber endet in einer Anhänglichkeit an die Interpretation, die wir ihr geben.
Nur die Treue einer Person gegenüber befreit uns von allem Wohlgefallen an uns selber. 394
Doch lebt diese Person nicht mehr, kann sie so idealisiert werden, wie es für die eigenen Zwecke nötig ist – und gar mancher braucht eine Selbstdemütigung durch die Idealisierung eines anderen, etwa eines Religionsstifters, unbedingt, um halbwegs anständig zu bleiben.

Die Zivilisationen verfallen in Agonie, wenn sie vergessen, daß es nicht nur eine ästhetische Aktivität, sondern auch eine Ästhetik der Aktivität gibt. 394
Und der sittliche Mensch wird geistlos, wenn er vergißt, daß es nicht nur moralische Akte, sondern auch den Akt der ethischen Reflexion gibt.

Das Publikum beginnt eine Idee erst dann anzunehmen, wenn die intelligenten Zeitgenossen sie aufzugeben beginnen.
Zum Volk dringt nur das Licht erloschener Sterne. 395
Das hat den Vorteil, daß diese der Applaus des Volkes nicht mehr erreicht.

Das Fehlen legaler Hierarchien erleichtert den Aufstieg der weniger Skrupulösen. 395
Mit einem *cursus honorum* wie in Rom wäre Trump nicht Präsident geworden.

Die häufigen Schranken, die das Leben uns entgegenstellt, sind nicht Hindernisse, um zu demütigen, sondern schweigende Mahnungen, die uns auf den passenden Pfad umleiten. 396
Wer in eigenen Niederlagen den Finger der göttlichen Vorsehung zu erkennen vermag, ist auf dem Weg zum Sieg.

Auf politischem Gebiete gibt es wenige, die, selbst wenn sie allein sind, nicht auf dem Niveau der politischen Versammlung argumentieren. 397
Die göttliche Gerechtigkeit sorgt dafür, daß derjenige, der andere verdummt, sein eigenes Opfer wird.

Journalist ist derjenige, dem es ausreicht, um über ein Buch zu sprechen, von dessen Thema ausschließlich das zu kennen, was das Buch sagt, von dem er spricht. 397
Glückliche Zeiten, in denen Journalisten und Rezensenten sogar noch die Bücher lasen, über die sie schrieben!

Die Aristokratien sind stolz, aber die Unverschämtheit ist ein plutokratisches Phänomen.
Der Plutokrat glaubt, daß alles käuflich ist; der Aristokrat weiß, daß sich Treue nicht kaufen läßt. 398
Der demokratische Sozialist träumt davon, daß sich *jeder* alles kaufen kann, was er braucht, ggf. auch die Treue.

In einer brennenden Intelligenz verschmelzen die Materialien nicht zu einer neuen Legierung, sondern integrieren sich zu einem neuen Element. 399
Je weniger die Synthese den Momenten gleicht, denen sie entspringt, desto größer der Genius des Schöpfers. Aber um eine Synthese von Vorgegebenem handelt es sich allemal.

Nur der Mensch kann »faber« seines Unglücks sein. 400
Darin liegt seine Tragik – und seine Ehre.

In jedem Individuum schläft der Keim der Laster und kaum das Echo der Tugenden. 400
Laster sind natürlicher als Tugenden, daher bedürfen diese der Erinnerung an konkrete Vorbilder. Doch das Bedürfnis nach Transzendierung der Natur ist so stark, daß man sich vergangene Vorbilder erfindet, wenn es sie nicht gegeben hat.

Solange man ihn nicht ernst nimmt, kann derjenige, der die Wahrheit sagt, eine Zeitlang in einer Demokratie leben.

Alsdann der Schierling. 401
Das Beste an der Postmoderne ist, daß der Aufschub der Verabreichung des Schierlingsbechers unbegrenzt ist, da sie nichts mehr ernst nimmt. Doch ist dafür gesorgt, daß man für dieses Privileg in anderer Münze bezahlt: dem unweigerlichen Niedergang der eigenen Kultur. Man kriegt im Leben nichts geschenkt.

Das Böse triumphiert dort nicht, wo das Gute nicht langweilig geworden ist. 402
Deswegen bedarf auch die traditionelle Sittlichkeit periodischer Zufuhr intellektuellen Salzes.

Gewisse Traumata der Seele eines Volkes scheinen der einzige erworbene Charakter zu sein, der sich vererbt. 403
Da die Volksseele nichts Physisches ist, werden natürlich auch diese Charaktere in der Erziehung weitergegeben. Aber sie sitzen so tief, daß der Weitergebende sich ihrer nicht bewußt ist, und wer sie übernimmt, spürt an der Angst und dem Leidensdruck, daß man ihnen nicht entrinnen kann. Sie sind mehr als alles andere die zweite Natur eines Volkes. Die Traumata können auf das Leiden der Unterjochung zurückgehen, wie in Korea und Polen, oder auf dasjenige der Schuld, wie in Deutschland. Letzteres ist schlimmer.

Diejenigen, die uns bekennen, daß sie an der Unsterblichkeit der Seele zweifeln, scheinen zu glauben, wir hätten ein Interesse daran, ihre Seele sei unsterblich. 405
Wenn sie uns für Christen halten, glauben sie das zu Recht; und selbst wenn sie uns nur für ernsthafte Intellektuelle halten, dürfen sie annehmen, daß uns die Argumente für ihre Zweifel interessieren.

Da sie nicht das Bewußtsein erklären kann, das sie hervorbringt, wird die Wissenschaft, wenn sie am Ende alles erklärt haben wird, nichts erklärt haben. 405
Ihre partielle Erklärungsleistung bleibt hochbedeutsam, selbst wenn sie sich zum Anspruch versteigt, alles – auch das Bewußtsein und moralische und ästhetische Normen – erklärt zu haben. Aber dieser Anspruch findet sich weniger bei Naturwissenschaftlern, die ihr Metier wirklich beherrschen, als bei Philosophen, die nicht an die Philosophie glauben und sich einbilden, als Naturwissenschaftler gelten zu können, wenn sie nur die Grenzen der Naturwissenschaften bestreiten.

Nur die Demütigungen öffnen manchmal der Menschheit ein wenig die Pforten der Weisheit. 407
Demütigungen sind nie hinreichende, aber doch notwendige Bedingungen der Weisheit, wenn denn Weisheit darin besteht, die Begrenztheit des eigenen Platzes im Ganzen der Welt zu begreifen und, was mehr ist, persönlich zu erfahren.

Die Menschheit wieder zu humanisieren wird keine einfache Aufgabe sein nach diesem langen Göttlichkeitsrausch. 408
Es macht angst und bange, sich die kollektiven Demütigungen vorzustellen, die dafür erforderlich sein werden.

Das religiöse Denken schreitet nicht fort wie das wissenschaftliche Denken, sondern wird tiefer. 409
In der Philosophie gibt es drei Dimensionen des Fortschrittes: in die Breite, in die Tiefe und in die zunehmende Verflechtung ihrer Teile.

Gerechtfertigter Stolz wird von tiefer Demut begleitet. 409
Je mehr Talent einer hat, desto mehr begreift er, daß es nicht von ihm selbst stammt. Denn selbst wenn fast immer harte Arbeit dahintersteht, ist die Arbeitskraft selbst ein Geschenk.

Eine Wolke Weihrauch gilt tausend Predigten. 410
Das hängt von den Predigten ab. Und ein gutes philosophisches Argument wiegt stets selbst eine Kumuluswolke Weihrauch auf.

Die Leute bewundern denjenigen, der nicht über seine Leiden klagt, weil er sie der Pflicht enthebt, sie zu bemitleiden. 411
Diese Bewunderung mag egoistisch motiviert sein, weil das Verhalten dieses Leidenden entlastet; aber sie kann selbstlosem Staunen über die Macht des Geistes entspringen und eine Empathie erzeugen, die tiefer geht als das Mitleid, weil sie das Gegenteil von Herablassung ist.

Reife besteht darin, auf gedroschenen Pfaden mit unverwechselbarem Schritt zu wandeln. 412
Einen unverwechselbaren Stil erwirbt man nur, wenn man sich an den großen Vorbildern schult, der Wirklichkeit gerecht zu werden strebt und nie *intentione recta* beabsichtigt, originell zu sein.

Zu den »Sucesivos escolios a un texto implicito«

Sogar im Zeitalter von Tweets als Hauptmedium US-amerikanischer politischer Willensbildung dürfen Systemdenker anerkennen, daß gelungene Bündigkeit eine Leistung ist. Innerhalb der philosophischen Ausdrucksformen vollbringt der Aphorismus eine Reduktion von Komplexität auf das Einfache und Eigentliche, wie sie das Wesen von Wissenschaft und Philosophie ausmacht. Aber ebenso simplifiziert er auf unverantwortliche Weise, ja er verschafft dem Leser, der die Arbeit der Kondensation nur genießt, aber nicht selbst auf sich genommen hat, viel zu leicht das Gefühl, etwas begriffen, gar »durchschaut« zu haben.

Dem positiven wie dem negativen Aspekt des philosophischen Aphorismus wird man am ehesten gerecht durch das Mittel des Gegenaphorismus. Indem er widerspricht, wendet sich der Gegenaphorismus gegen die magische Faszination, die von der Simplifizierung ausgeht; aber indem er der Form treu bleibt, erkennt er an, daß in ihr Vernunft waltet. Variiert man einen Aphorismus, zeigt man, daß er entweder in noch allgemeinerer Form gilt, als sein Autor gedacht hatte, oder aber, daß etwas ganz anderes, vielleicht Entgegengesetztes wahr ist als das, was der Autor dachte; die Form triumphiert hierbei über den Inhalt, der ausgetauscht oder umgekehrt wird. Korollarien schließlich bauen Brücken von Aphorismen zu möglichen Essays und skizzieren Begründungen.

Der Aphoristiker irrt, wenn er »sein« Genre für das einzige eines Philosophen würdige hält, weil Denken stets fragmentarisch sei. Dieses Argument verwechselt persönliche Grenzen mit denen des Menschengeschlechts. Aber wer diese Grenzen an sich selbst erfährt, tut gut daran, auf Systembau zu verzichten und sich mit Aphorismen zu begnügen, deren Form besonders dann treffend ist, wenn sie auf die Brüchigkeit und Widersprüchlichkeit der menschlichen Natur zielt.

Wer den impliziten Text expliziert, beraubt die Scholien ihrer allusiven Kraft und damit eines Teils ihres Reizes. Aber er begründet sie und macht sie damit auch kritisierbar. Das sollte von demjenigen nicht unterschätzt werden, dem in der Philosophie an Wahrheit mehr liegt als an Schönheit.

Systemdenker brauchen vor der Form des Aphorismus nicht zurückzuschrecken; denn im Kosmos der Begriffe hat auch der Begriff des Fragments seinen festen Platz, in der Fülle der literarischen Formen der Philosophie auch der Aphorismus. Manche Systemdenker haben nur beiläufig Aphorismen angefertigt, wie etwa Hegel in der Jenaer und der Berliner Zeit. Doch sogar die Grundlagen des ersten Systems der modernen Geisteswissenschaften, die »degnità« der »Scienza nuova« Giambattista Vicos, sind aphoristisch formuliert. Ein System wird reicher, ja systematischer, wenn es sein Anderes zu integrieren weiß.

* * *

Die Wahrheiten widersprechen einander nur, wenn sie in Unordnung gebracht werden. 117

Und da einzig ein System den Wahrheiten ihren Platz in der Ordnung des Seins anweist, kann nur ein System selbst die wahrsten Aphorismen vor brudermörderischem Konflikte bewahren.

Der Geist des Marxisten verknöchert mit der Zeit; der des Linken wird schwammig und schlapp. 117

Fossilien überleben wenigstens in Museen; Schwämme verwendet man in der Badewanne zur Reinigung schmutziger Körperstellen. Marxisten sind passé, aber man darf ihnen ein ehrendes Andenken bewahren; postmodernes Geschwätz dagegen landet im Mülleimer, wenn es seine Funktionen im Kulturbetrieb erfüllt hat. Diese sind die der der Unterhaltung und Ablenkung von unangenehmen Wahrheiten, und diese Funktionen werden dann plötzlich entbehrlich, wenn sich bestimmte Wahrheiten, etwa zu den Grenzen der verkraftbaren Umweltzerstörung sowie zur Notwendigkeit von Sachkompetenzen in der Politik, sogar physisch bemerkbar machen.

Bei wichtigen Themen kann man nicht beweisen, sondern nur aufzeigen. 417
Da das Aufzeigen unterschiedlicher Wahrheiten vor Widersprüchen nur dann bewahrt, wenn man deren Ort im Ganzen der Wahrheiten weiß, und da dies am ehesten geschieht durch ein »Beweisen«, bei dem sich der *ordo cognoscendi* dem *ordo essendi* anzuschmiegen sucht, ist nur beweisendes Aufzeigen dauerhaft, da nur dies immun ist vor den Folgen weiteren Aufzeigens.

Die Unterscheidung zwischen wissenschaftlicher und emotiver Verwendung der Sprache ist nicht wissenschaftlich, sondern emotiv. Man verwendet sie, um Thesen zu diskreditieren, die den Modernen stören. 417
»Emotiv« ist der falsche Gegensatz zu »wissenschaftlich« – denn man kann auch emotionslos auf unwissenschaftliche Sprachbestandteile hinweisen. Aber richtig ist, daß die positivistische Unterscheidung zwischen deskriptiven und normativen Urteilen, von denen allein die ersten zulässig sein sollen, selbst normativ ist.

Der moderne Schriftsteller vergißt, daß nur die Anspielung auf die Gesten der Liebe deren Wesen erfaßt. 418
Liebe hat mit der Erfassung der Verletzlichkeit des anderen zu tun; die Explizierung dessen, was den Menschen als Geistwesen beschämen muß, ist daher nicht nur takt-, sondern auch lieblos.

Der Feind einer Zivilisation ist weniger der äußere Gegner als der innere Verschleiß. 418
Gegen den externen Gegner kann man sich wehren, wenigstens zu wehren suchen; und er ist meist deutlich als solcher identifizierbar. Der innere Verschleiß beraubt einen dagegen nicht nur des Abwehrwillens, sondern oft genug selbst der Fähigkeit, den eigenen Verfall zu diagnostizieren. Die postmoderne Zersetzung von Philosophie, Religion, Kunst und Politik meint wirklich, Ausdruck überbordender Vitalität und kritischen Scharfsinns zu sein. Aber auch sie wird sich eines Besseren besinnen, wenn bei allzu offenkundigem Verschleiß schließlich die Geier über ihr zu kreisen beginnen.

In der Wiederholung alter Gemeinplätze besteht die eigentliche zivilisatorische Aufgabe. 418
Die moderne Hochschätzung von Originalität wird dann zu deren grotesker Überschätzung, wenn diese der Wahrheit übergeordnet wird. Die Achtung vor der menschlichen Vernunft, ja sogar die transzendentale Reflexion auf die Bedingungen der Möglichkeit von Verstehbarkeit zwingen zur Annahme, daß nicht alle, aber viele der Gemeinplätze der Menschheit richtig sein müssen. Eine originelle Theorie kann somit dann nicht ernst genommen werden, wenn sich nicht aus ihr wenigstens einige der alten Gemeinplätze als Korollarien ergeben. Nicht daß sie falsch sind, ist das Problem der meisten Gemeinplätze (auch und gerade der moralischen), sondern daß sie nicht ausrei-

chend begründet sind und zwischen ihnen keine klare Ordnung besteht. Begründung und Ordnung sind zwei zentrale Aufgaben der Philosophie (ja, wohlverstanden vielleicht nur eine einzige). Aber sie hat nur dann eine Chance, sie zu erfüllen, wenn sie auf Gemeinplätze und ihre Bewahrung nicht verächtlich herabblickt. Sie aufzugeben, wenn sie noch nicht widerlegt, aber auch noch nicht ausreichend begründet sind, löst die Grundfesten einer Kultur auf, ohne einen Ersatz zu bieten, in dem der Mensch zu Hause sein könnte.

Die Einsamkeit lehrt uns, intellektuell ehrlicher zu sein, aber sie verleitet uns, intellektuell weniger höflich zu sein. 418
Da die Wahrheit uns sogar lieber sein muß als Platon, ist Unhöflichkeit geringeren Geistern als Platon gegenüber (das ist der Rest der Menschheit) erst recht kein zu hoher Preis für Ehrlichkeit. Aber die intellektuelle Ehrlichkeit muß sich erstens ebenso unhöflich gegen eigene Fehler richten; und es muß zweitens spürbar sein, daß sie nicht nur der Liebe zur Wahrheit, sondern auch der Liebe zu den Menschen entquillt, denen ohne Wahrheit und Ehrlichkeit Entscheidendes fehlt.

Man pflegt, Rechte öffentlich auszurufen, um Pflichten verletzen zu können. 418
Eine andere Strategie, sich eigenen Pflichten zu entziehen, besteht freilich darin, Rechte anderer – etwa des Hungernden auf Nahrung – zu bestreiten.

Die gefährliche Idee ist nicht die falsche, sondern die partiell korrekte. 419
Und wenn die partiell korrekte Idee stilistisch elegant eingekleidet wird – wie bei Nietzsche und Gómez Dávila –, ist sie besonders gefährlich. Das Rettende wächst nicht von selbst; ja, bei

weitgehendem kulturellem Verschleiß ist nicht davon auszugehen, daß Rettendes eine Chance hat, selbst wenn es ihm je gelingen sollte, ähnlich elegant aufzutreten wie jene Ideen.

Der Schriftsteller, der sich nicht darum bemüht, uns zu überzeugen, läßt uns weniger Zeit verlieren und überzeugt uns manchmal. 419
Die Unfähigkeit der auf Aktivität schwörenden Moderne zu begreifen, daß bestimmte Dinge nicht *intentione directa* zu erzielen sind (Glück und Liebe etwa), führt zu Tendenzliteratur und zu eifernder Moralrhetorik, die von Glück reden kann, wenn sie nicht kontraproduktiv wird. Das Gute lehrt man am besten nur gelegentlich mit Worten; und dem Gras hilft man beim Wachsen nicht, wenn man es zupft.

Die Relativität des Geschmackes ist eine Entschuldigung, die jene Epochen anführen, die einen schlechten haben. 419
Denjenigen, die Geltungsfragen mit genetischen verwechseln, ist eines zuzugestehen: Dem Relativismus, d. h. der Leugnung der Rangordnung von Werten, liegt fast stets psychologisch das Gefühl der eigenen Minderwertigkeit zugrunde. Und in diesem Fall ist das Aufdecken der Ursache fast schon eine Widerlegung.

Nicht immer unterscheiden wir, was unser Zartgefühl verletzt, von dem, was unseren Neid reizt. 419
Die Unhöflichkeit, die oft der Ehrlichkeit des intellektuell Überlegenen entspringt, mag zu Recht verletzen; denn auch Überlegenheit entbindet nicht von dem Gebot, dem anderen die Achtung zu erweisen, die ihm als Menschen gebührt. Aber das Recht, verletzt zu sein, gewährt nicht das weitere, deswegen auch die Überlegenheit des anderen zu bestreiten; und wenn sogar seine liebevolle Höflichkeit als perfide Herablassung emp-

funden wird, der Überlegene also nichts mehr richtig machen kann, liegt sicher Neid vor – der noch verzehrender ist, wenn der geistig Maßgebende auch moralische Tugenden besitzt. In chemisch reiner Form schäumt der Neid, wenn er Menschen gegenüber empfunden wird, die einem selber gar nicht schaden können, etwa weil sie seit langem tot sind, und der Neidhammel deren Leistungen teils bestreitet, teils auf unsaubere Quellen zurückführt, die ihm immerhin aus der Innenperspektive reichlich vertraut sind.

Die Geschichte scheint auf zwei alternierende Perioden zurückführbar zu sein: plötzliche religiöse Erfahrung, die einen neuen Menschentyp verbreitet; langsamer Prozeß der Demontage dieses Typus. 419
Aus der Plötzlichkeit des ersteren und der Langsamkeit des letzteren Prozesses könnte man vorschnell auf die Unvermitteltheit des religiösen Innovators schließen wollen. In Wahrheit geht auch ihm eine lange Inkubationszeit voraus, die aber vor dessen Erscheinen nicht als solche ersichtlich ist. Ist er aber einmal da, ist die Loslösung von ihm nicht nur langwierig, sondern auch schwierig und schmerzhaft, weil er immer im Blick bleibt. Die Zeit dieses Prozesses ist daher nicht nur an sich, sondern auch für das Erlebnis lang.

Wo es keine Spuren der alten christlichen Nächstenliebe gibt, hat selbst die reinste Höflichkeit etwas Kaltes, Heuchlerisches und Hartes. 420
Die Höflichkeit existiert in zwei Gestalten: Entweder ist sie ein Panzer zum Selbstschutz, oder sie ist ein Umhang, der dem anderen liebevoll umgeworfen wird, um ihn weniger verletzlich zu machen. Wer diesen Mantel abreißt, weil er ihn mit jenem Panzer verwechselt, ist dumm, roh oder beides.

Wir Reaktionäre verschaffen den Dummköpfen das Vergnügen, sich für verwegene Denker der Avantgarde zu halten. 420
Die Wut der philosophischen Avantgarde über die Zyklentheorie der Philosophiegeschichte ergibt sich daraus, daß ihr der Verdacht gekommen ist, man könne sie für eine Nachhut halten, weil es nun der Reaktionär ist, der den Fortschritt vorwegnimmt.

Wenn wir in die Höhe zielen, gibt es kein Publikum, das in der Lage wäre zu wissen, ob wir treffen. 420
Wer das Publikum braucht, um zu wissen, ob er getroffen hat, darf keine Leistungen anstreben, die erst die Nachwelt würdigen kann. Wer den Markt als die entscheidende Arena des Erfolgs ansieht, hat sich von jener Selbstmaßstäblichkeit verabschiedet, die in einem transzendenten Prinzip verwurzelt ist. Kompatibel ist dieser Abschied mit dem Bedürfnis, sich von Schmeichlern und Schmarotzern allerlei über die Unsterblichkeit des eigenen Ruhmes vormachen zu lassen.

Die einzige Überlegenheit, die nicht Gefahr läuft, eine neue Überlegenheit anzutreffen, die sie in den Schatten stellt, ist die des Stils. 421
Wissenschaftliche Theorien können ergänzt, ja ersetzt werden; Kunstwerke sind aufgrund ihrer organischen Natur so, wie sie sind, vollkommen oder unvollkommen, aber auf keinen Fall ergänzbar. Vielleicht ist das der Grund, warum die Philosophie, eine Synthese von Philosophie und Kunst, sachlich stets präzisierbar bleibt und doch in ihren gelungensten Formen wie den Platonischen Dialogen oder den Cartesischen *Meditationen* keine überlegene Weiterentwicklung zu befürchten braucht.

Wer lange Jahre lebt, erfährt die Niederlage seiner Sache. 421
Gerade deswegen darf, ja soll man sich ein langes Leben wünschen: Nur wer den Zusammenbruch dessen erlebt hat, wofür

er gekämpft hat, ist innerlich darauf vorbereitet, diese Welt voller Neugier auf eine andere hinter sich zu lassen.

Die üblichen Faktoren der Geschichte reichen nicht aus, um die Erscheinung neuer kollektiver Mentalitäten zu erklären.
Man muß in die Geschichte den geheimnisvollen Begriff der Mutation einführen. 421
Daß es in der Geschichte erlebte Diskontinuitäten gibt, also soziale, politische, künstlerische, religiöse, wissenschaftliche und philosophische Revolutionen, ist unstrittig. Aber es ist absurd, diese Vorgänge zuerst als geheimnisvoll zu feiern und dann das Geheimnis mit dem biologischen Begriff der Mutation zu explizieren. Wir ehren etwas nicht dadurch, daß wir auf der Suche nach seinen Ursachen die Waffen strecken. Der Geisteshistoriker hat vielmehr erstens zu verstehen, was die Revolutionen vorbereitet hat, und der Geschichtsphilosoph hat zweitens die Serie der Revolutionen so zu deuten, daß sie im Ganzen Sinn gibt. Eugen Rosenstock-Huessy bleibt Vorbild bei dem Versuch, die politischen Revolutionen Europas in beiderlei Hinsicht zu verstehen.

Um zu erneuern, braucht man nicht zu widersprechen, es genügt zu vertiefen. 422
Das Vertrauen, daß man durch Vertiefung und Erweiterung eines alten Paradigmas der Wahrheit und der Neuerung zugleich dienen kann, hat die alten Meister ausgezeichnet und ihnen jene ruhige und aufbauende Arbeit ermöglicht, die der Gegenpol zur Innovationshysterie ist, die sich nur durch ein »Jenseits von …« zu artikulieren vermag. Psychologisch befriedigt die Zyklentheorie der Philosophiegeschichte das doppelte Bedürfnis, einer großen Tradition anzugehören und sich zugleich von dem Lärm der eigenen Zeit abzusetzen – »jenseits ihrer« zu

sein gerade durch Rückgriff auf Uraltes und dessen kunstgemäße Weiterentwicklung.

»Einer Generation anzugehören« ist, mehr als eine Notwendigkeit, eine Entscheidung, die Herdengeister treffen. 422
Nur in seltenen Ausnahmefällen schließt man sich bewußt der eigenen Generation an; denn man wird in sie hineingeboren. Was man, oder besser: was einige wenige bewußt entscheiden, ist, aus der eigenen Generation herauszutreten.

Viele gibt es, die glauben, Feinde Gottes zu sein, und es nur schaffen, Feinde des Küsters zu sein. 422
Manchmal ist es gerade der Freund Gottes, der zum Feind des Küsters, des Pfarrers, der Kirche werden muß, und wenn er Gott mit der Kirche verwechselt, wird er sich für einen Feind Gottes halten. Gott wird nicht denselben Fehler machen und ihm verzeihen.

Der gemeinschaftliche Mensch lebt unter Gespenstern, nur der einsame geht unter Wirklichkeiten umher. 422
Heraklit hat recht, daß die Welt der Vernunft die gemeinsame ist – die der Träume und Halluzinationen ist die private, und nur wer aus ihr heraustritt, hat Zugang zur Wirklichkeit. Aber es gibt auch kollektive Halluzinationen; und ihnen entzieht sich nur derjenige, der über einen internen Maßstab verfügt, der ihm erlaubt, kollektive Wahrheiten von kollektivem Wahn zu unterscheiden. Dieser Maßstab ist ihm intern, stammt aber nicht aus seinem endlichen Selbst. Er ist mit großer Vorsicht anzuwenden. Zu den Gebrauchsanweisungen gehört eine Theorie über die sozialen Bedingungen, die kollektive Wahnbildung anregen, wie etwa der Verschleiß einer Kultur.

Die konkrete sinnliche Wahrnehmung des Gegenstandes durch dessen abstrakte intellektuelle Konstruktion zu ersetzen läßt den Menschen die Welt gewinnen und die Seele verlieren. 422
Das gilt nur für den Techniker. Der theoretische Physiker und der Naturphilosoph gewinnen durch diesen Wechsel Geist, und es ist nicht ausgemacht, wer beim Tausch von Seele und Geist verliert. Hoffen darf man freilich, daß man beide haben kann.

Das gute Buch von gestern erscheint nur dem Ignoranten schlecht; umgekehrt kann das mittelmäßige Buch von heute auch einem gebildeten Menschen gut erscheinen. 423
Daß allein die zeitliche Distanz das Schöne vom Gefälligen trennt, erklärt, warum es richtig ist, daß wir sterben.

Die Epochen der sexuellen Befreiung reduzieren die reichen Modulationen menschlicher Sinnlichkeit auf einige wenige spasmodische Schreie. 423
Die Erschwerung des Orgasmus in repressiven Gesellschaften war zweifelsohne für Neurosen verantwortlich, aber eben auch für Erotik und Liebesdichtung. Kann man den seelischen Preis durch den geistigen Gewinn aufwiegen?

Nur die Betrachtung des Unvermittelten rettet uns in dieser unverständlichen Welt vor Langeweile. 424
Man kann die Langeweile auch dadurch überwinden, daß einem die Welt nicht mehr unverständlich ist, weil man zumindest Teile des inneren Gewebes sieht, das das scheinbar Unvermittelte verknüpft.

Der gemeine Menschenverstand ist das väterliche Haus, zu dem die Philosophie periodisch zurückkehrt, ausgemergelt und schlaff. 424
Ausgemergelte Philosophen sind nicht ideal, aber jene pausbä-

ckigen, die das väterliche Haus erst gar nicht verlassen, gefallen mir noch weniger. Der Vater des verlorenen Sohnes und der Autor des Gleichnisses scheinen ähnlich zu denken.

Nichts manifestiert so deutlich die Grenzen der Wissenschaft als die Meinungen des Wissenschaftlers über jedwedes Thema, das nicht genau zu seinem Beruf gehört. 424
Wenn die technologische Zivilisation an ihren ungewollten Nebenfolgen ökologischer wie waffentechnischer Art zusammengebrochen sein wird, wird man jene teils verlachen, teils verfluchen, die geglaubt hatten, der ungeheure Zuwachs an spezialisiertem Wissen sei nicht zu teuer erkauft mit dem Niedergang philosophisch inspirierter Allgemeinbildung und moralischer Instinkte.

Tapfer und kühn ist das Denken, das dem Gemeinplatz nicht aus dem Wege geht. 425
Feige und spießig ist das Denken, das statt wahrer Gemeinplätze neue Absurditäten unterstützt.

Die griechische Spur wird nicht dort ausradiert, wo die mythologischen Anspielungen aufhören, sondern wo man die Grenzen des Menschlichen vergißt. 425
Die Spur des Christlichen schwindet nicht dort, wo die historisch-kritischen Methoden der Bibelinterpretation zur Geltung kommen und Christus vermenschlicht wird, sondern wo die Revolution im christlichen Menschenbild nicht mehr begriffen wird – der Bezug auf eine unbedingt fordernde transzendente normative Dimension, wie sie Aristoteles noch völlig fremd war, und das Wissen um die radikale Tendenz des Menschen, sich der sittlichen Forderung zu entziehen. Die optimistische Verdrängung der anthropologischen Wahrheit, die hinter der irreführenden mythischen Schale der Lehre von der Erbsünde steckt, ist

einer der tiefsten Gründe für den Pessimismus, den jeder intelligente Beobachter der Gegenwart empfinden muß.

Um die Revolutionen zu hassen, braucht der intelligente Mensch nicht darauf zu warten, daß das Abschlachten beginnt. 425
Um den gegenrevolutionären Populismus zu verabscheuen, braucht der historisch Gebildete nicht auf die formale Abschaffung der Gewaltenteilung und den ersten Aggressionskrieg zu warten – er spürt den Willen dazu schon an der Rhetorik, die das eigene Volk »über alles in der Welt« erhebt.

Der Nächste irritiert uns, weil er uns eine Parodie unserer Fehler zu sein scheint. 425
Daher irritiert uns niemand mehr als unsere eigenen Verwandten, und von ihnen keiner mehr als derjenige, der uns am meisten ähnelt.

Das Offenkundigste an jedem modernen Unternehmen ist die Diskrepanz zwischen der Unermeßlichkeit und der Kompliziertheit des technischen Apparates und der Geringfügigkeit des Endresultates. 426
Wenn Weisheit u. a. in einem angemessenen Verhältnis von Aufwand und Ergebnis besteht, sind jene begriffsanalytischen Studien unphilosophisch, in denen man mit enormem formalem Aufwand zu Trivialitäten durchdringt.

Wenn die Menschheit ihren »Aufstieg« beendet haben wird, wird sie die Langeweile antreffen, die sie auf dem höchsten Gipfel sitzend erwartet. 426
Und dabei wird es nicht bleiben. Diejenigen, die der Arbeit beraubt wurden, die sie erfüllte und ihnen Anerkennung und Ehre verschaffte, und die genau wissen, daß sie in der Welt der intellektuellen Muße die Verlierer sind, werden zur physischen Ge-

walt greifen, in der sie sich auskennen, und den populistischen Demagogen, der Landplage der Spätzeit der Demokratie, als persönliche Truppen dienen.

Ohne frühere Laufbahn als Historiker sollte es nicht erlaubt sein, sich in den Humanwissenschaften zu spezialisieren. 427
Die Humanwissenschaften sind als empirische Wissenschaften auf Fakten angewiesen, und diese liefert die Geschichte. Aber erstens lassen sich Fakten nur dann adäquat erfassen, wenn man sie kategorisiert; insofern ist das Begründungsverhältnis zwischen Sozial- und Geschichtswissenschaften wechsel- und keineswegs einseitig. Und zweitens bedarf die Bewertung der Fakten normativer Prinzipien; und diese entstammen weder den Sozial- noch den Geschichtswissenschaften. Noch dringlicher als eine historische ist eine ethische und allgemein-philosophische Ausbildung der angehenden Humanwissenschaftler.

Es gibt etwas definitiv Niederträchtiges in demjenigen, der nur Gleiche zuläßt, in demjenigen, der sich nicht mühsam Überlegene sucht. 428
Niederträchtig ist jeder, der den Überlegenen gar nicht mehr in seinem Eigenwert in den Blick zu nehmen vermag, sondern nur auf die Demütigung reflektiert, die darin besteht, daß ihm selbst dieser Wert versagt ist. Ganz besonders niederträchtig ist jedoch derjenige, der mit dieser Einstellung in einer Sphäre wirkt, die explizit prätendiert, durch die Suche nach höchster Qualität charakterisiert zu sein, wie etwa der Wissenschaft oder der Kunst. Nicht nur untergräbt er damit das eigentliche Ziel seiner Berufsgilde; er beraubt sich auch selber der Möglichkeit des intellektuellen Wachstums. Die moralische Verzwergung eines solchen Menschen fällt noch schärfer auf, wenn neben ihn ein Kind oder ein Ungebildeter tritt, der freier atmet, wenn er die Chance erhält, zu bewundern und zu etwas Größerem aufzuschauen.

Wenige Ideen erblassen nicht vor einem festen Blick. 429
Diejenigen Ideen, die es nicht tun, zwingen einen dazu, den eigenen Blick zu senken und vor der Kraft der Ideen zu erröten. Langfristig ist diese Erfahrung die einzige Weise, dem Ich Kraft zuzuführen.

Eine Gegenwart im Namen einer Vergangenheit zu kritisieren mag vergeblich sein, aber sie im Namen einer Zukunft kritisiert zu haben, pflegt sich als lächerlich zu erweisen, wenn diese Zukunft da ist. 429
Die Irreversibilität der Zeit immunisiert den *laudator temporis acti*, anders als den *laudator temporis futuri*, vor der Widerlegung, von der Verklärung in der Erinnerung einmal abgesehen. Doch das allein ist keine Widerlegung einer teleologischen Geschichtsphilosophie.

Die Welt füllt sich mit Widersprüchen, wenn wir vergessen, daß die Dinge eine Rangordnung haben. 430
Denn allein deren Rangordnung stutzt die ansonsten inkompatiblen Geltungsansprüche zurecht.

Die »moderne Kunst« scheint noch lebendig, weil sie noch nicht ersetzt worden ist, nicht weil sie nicht gestorben ist. 430
Die postmoderne Kunst hält keiner für einen Ersatz, auch nicht sie sich selbst. Das ist das einzige, was sie ehrt.

Die Wurzel des reaktionären Denkens ist nicht das Mißtrauen der Vernunft gegenüber, sondern das Mißtrauen dem Willen gegenüber. 430
Ein anthropologisch aufgeklärter objektiver Idealist verbindet das Vertrauen in den Logos mit einem abgrundtiefen Mißtrauen gegenüber der gespaltenen Natur jenes Organismus, in dem allein der Geist innerweltlich erscheint.

Nichts können wir auf die Güte des Menschen gründen, aber nur mit ihr können wir bauen. 430

Selbst wer eine Staatsverfassung für menschliche Teufel entwirft, tut dies guten Gewissens nur, wenn er dabei an das Wohl aller Teufel und nicht nur an das eigene denkt. Und sofern diese Staatsverfassung von derzeitigen Interessenlagen abweicht, kann er auf ihre Implementierung nur hoffen, wenn einige derjenigen, auf die es dabei ankommt, eben keine reinen Teufel sind. Die Güte des Menschen ist nicht der Normalfall; aber nur das Wunder ihres gelegentlichen Auftretens verhindert, daß sich der Normalzustand selber vernichtet.

Der erlernte gute Geschmack erweist sich als von schlechterem Geschmack als der spontane schlechte Geschmack. 431

Es gibt Bereiche, in denen die Natur alles ist – lieber nicht geliebt zu werden, als von jemandem nur deswegen geliebt zu werden, weil er gerade eine Kunst des Liebens durchgelesen hat, und sei es die Ovids.

Gegenüber den verschiedenen »Kulturen« gibt es zwei symmetrisch irrtümliche Einstellungen: nur einen einzigen kulturellen Schutzheiligen anzuerkennen: allen Schutzheiligen gleichen Rang zuzubilligen. Weder der arrogante Imperialismus des europäischen Historikers von gestern, noch der verschämte Relativismus des gegenwärtigen. 431

Der relativistische Historiker ist deswegen noch lächerlicher als der imperialistische, weil er sich im performativen Widerspruch suhlt, die eigene relativistische Einstellung, die ein Resultat der europäischen, und nur der europäischen, Geistesgeschichte ist, seiner Interpretation fremder Kulturen aufzustülpen, die angeblich den europäischen Imperialismus abgeschüttelt hat. Den alten Kulturen vertrauten Gedanken der Rangordnung dagegen vermag er nicht mehr zu verstehen.

Die Geschichte weist zu viele unnütze Leichen auf, als daß es möglich wäre, ihr irgendeine Finalität zuzuschreiben. 431
Eine Geschichte, die aus der durch Mutation, intraspezifischer Konkurrenz und Selektion charakterisierten natürlichen Evolution hervorgeht, kann nicht umhin, unnütze Leichen vorzuweisen. Gelingt es ihr, deren Zahl zu reduzieren, darf durchaus von Fortschritt geredet werden; und die Perspektive eines solchen Fortschrittes mag selbst für die Opfer auf der Schlachtbank ein kleiner Trost sein, den ihnen zu nehmen verrucht auch dann wäre, wenn es bessere Argumente gegen die Hoffnung auf geschichtlichen Fortschritt als das genannte gäbe.

Es gibt Unkenntnisse, die den Geist bereichern, und Kenntnisse, die ihn arm machen. 432
Die Dummheit eines Menschen erkennt man nicht nur daran, was er bei dem Referat eines Buches oder einer Rede übergeht, sondern auch und gerade an dem, was er hervorhebt.

Die moderne Maschine ist jeden Tag komplexer, und der moderne Mensch jeden Tag schlichter. 432
Die Simplifizierung des Menschen ist, wie schon Platons Thamus wußte, eine notwendige Folge gerade der Delegation eigener Tätigkeiten an Techniken. Enden kann diese disparate Entwicklung nur in einem Zusammenbruch sowohl der Maschine als auch des Menschen, der jene nicht mehr zu bedienen vermag.

Nichts ist wichtig genug, als daß es nicht darauf ankäme, wie es geschrieben ist. 432
Ist es schlecht geschrieben, spricht zudem viel dafür, daß es nicht einmal gut durchdacht ist.

Das Leben ist ein täglicher Kampf gegen die eigene Dummheit. 432
Daß er erfolgreich sein kann, zeigt, daß Dummheit zwar keinem Menschen fremd, aber nicht bei jedem der Wesensgrund ist.

Die Liebe benutzt den Wortschatz des Sexes, um einen Text zu schreiben, der dem Sex alleine unverständlich ist. 433
Da er die Sprache der Liebe nicht versteht, kann der reine Sex auch in dem von Liebe beseelten Sexualverhalten nichts lesen als seelenlosen Sex. Das heißt nicht, daß er recht hat.

Hüten wir uns davor, »das Leben anzunehmen« das zu nennen, was das widerstandslose Annehmen dessen ist, was erniedrigt. 433
Schon die primitivste Funktion des Lebens, der Metabolismus, kann nur bestimmte Nahrung aufnehmen; mit anderer konfrontiert, verhungert der Organismus. Das Leben eines Geistwesens darf nicht weniger wählerisch sein und muß selbst den Tod als dem Leben gemäßer akzeptieren, statt gewisse Anpassungen nicht etwa an das Leben, sondern an das, was das Leben als Geistwesen vertilgt, zu vollziehen.

Ich habe keinen Anspruch auf Originalität; der Gemeinplatz, wenn er alt ist, reicht mir. 434
Meine bescheidene Originalität gegenüber Gómez Dávila besteht darin, daß mir der Gemeinplatz nur dann reicht, wenn er wahr ist.

Mehr als das, was er sagt, verrät den Idioten seine Redeweise. 434
Das Genie zu erkennen ist dagegen viel schwieriger, weil dies ohne die Bewertung des Inhaltes, den es mitteilt, nicht gelingt.

Die Ehrlichkeit, wenn sie nicht sakramentale Beichte ist, ist ein Faktor der Demoralisierung. 434
Auch wer die theologische Problematik der Beichte genau kennt, muß bedauern, daß sie auf die Talkshows verlagert worden ist; wenn ihm ein moralisches Sensorium abgeht, dann zumindest aus ästhetischen Gründen.

Nichts erzeugt eher wechselseitige Verachtung als der Unterschied des Zeitvertreibs. 434
Der Beruf ist nur zum kleinen Teil eigene Wahl; im Zeitvertreib zeigt sich, wes Geistes Kind man ist. Akte der Notwendigkeit verdienen Mitleid, Akte der Freiheit Achtung oder eben Verachtung.

Das Maschinenartige verroht den Menschen, weil es ihn glauben macht, er lebe in einem intelligiblen Universum. 435
Nichts verzerrt einen Geist und den entsprechenden Gesichtsausdruck so sehr wie das Gefühl, endlich etwas begriffen zu haben, obgleich die Theorie, die dieses Gefühl vermittelt, nichts wirklich erklärt. Das triumphierende Grinsen des Marxisten, der die Religion durch wirtschaftliche Interessen, oder des Neodarwinisten, der das Bewußtsein durch die natürliche Selektion erklärt haben will, stößt ästhetisch fast ebenso stark ab wie die entsprechenden Theorien intellektuell.

Der Philosoph verliert leicht sein Gleichgewicht; nur der Moralist pflegt seine Urteilskraft nicht zu verlieren. 435
Vielleicht sind Sokrates und Kant deswegen die idealen Philosophen, weil ihre moralische Sicherheit es ihnen gestattete, andere hemmungslos in die Aporie zu führen bzw. sich von den Intuitionen des gesunden Menschenverstandes in der theoretischen Philosophie meilenweit zu entfernen, ohne doch im Leben abzustürzen.

Wer nicht Gott in der Tiefe seiner Seele sucht, findet dort nur Schlamm. 436
Die »Gott-Neurose« ist kein zu hoher Preis für die – stets nur partielle – Trockenlegung der Moraste, die sich in der Seele ansammeln, wenn sie nicht mehr an objektive Ideale und ihre Gegenwart in der Wirklichkeit glaubt.

Wer sich dafür einsetzt, blödsinnige Argumente zu widerlegen, tut dies am Ende mit dummen Gründen. 436
Da Dummheit ansteckend ist, geht man ihr am besten aus dem Wege, selbst wenn sie das als Feigheit interpretiert; denn was die Dummheit denkt, braucht einen nicht zu bekümmern. Wenn ein intelligenter Mensch einen kritisiert, ist das also stets ein Zeichen der Achtung.

Kein Schriftsteller wurde geboren, der nicht zuviel geschrieben hat. 436
Unter den Dichtern ist Vergil die große Ausnahme – dank eines gütigen Geschicks, das nicht zugelassen hat, daß sein Frühwerk erhalten wurde, damit nur Vollkommenes überlebe.

Die Philosophien beginnen als Philosophie und enden als Rhetorik. 437
Philosophische Aphorismen beginnen als Geistesblitze und enden als die Ideologie, nach der es nur fragmentarisches Denken geben könne.

Der authentischen Berufung ist es gleichgültig, ob sie scheitert oder Erfolg hat. 437
Wer weiß, daß er berufen ist, braucht sich das nicht von anderen bestätigen zu lassen. Aber er gönnt es ihnen, wenn sie es begreifen.

Der Individualismus ist die Wiege der Vulgarität. 437
Die lebendige Beziehung auf objektive Ideale, die einen transzendieren, ist der Sarg der Vulgarität, die dort am stärksten blüht, wo jemand die eigene Besonderheit deswegen herausstreicht, weil er sieht, daß alle anderen es auch tun.

Die Dummheit eignet sich mit diabolischer Leichtigkeit das an, was die Wissenschaft erfindet. 438
Als Dummheit erweist sie sich freilich darin, daß sie die Nebenfolgen der Wissenschaft gar nicht in den Blick bekommt.

Unter den durch Volksabstimmung Gewählten sind achtenswert nur die Idioten, weil der intelligente Mensch lügen mußte, um gewählt zu werden. 438
In der Fähigkeit des Idioten, die Unwahrheiten, von denen er spürt, daß die Wähler sie hören wollen, auch selber zu glauben, zeigt sich freilich eine instinktive Vernunft, die man nicht unterschätzen sollte – sie katapultiert ihn an die Spitze der Klugen, da die Wähler nur den lieben, der so ist wie sie und sie nicht explizit anlügt, denn das entginge ihnen nicht. Darin liegt das Erfolgsgeheimnis der Trumps, Bolsonaros und Johnsons.

Das Laster, das die Rechte bedrängt, ist der Zynismus, während es bei der Linken die Lüge ist. 439
Da auch der Zyniker lügt, wollen wir den nicht-zynischen Lügner vorziehen – und selber ein Festhalten an Idealen mit einer nicht-verlogenen Anthropologie verbinden.

Humanität ist das, was Schweigen und Scham in der Tierheit des Menschen ausgearbeitet haben. 439

Ohne Schweigen und Scham wäre es nicht zur Menschwerdung gekommen, aber sie sind nur die Grundlage, auf der dann die Fülle des Seins in Worte gefaßt wird.

Nichts beunruhigt den intelligenten Ungläubigen mehr als der intelligente Katholik. 439
Daß den intelligenten Katholiken der intelligente Ungläubige weniger beunruhigt, gereicht dem Katholizismus nicht notwendig zur Ehre. Wer auf die Weisheit dieser Welt Verzicht geleistet hat, immunisiert sich gegen Kritik.

Der Realismus der Photographie ist falsch: Er läßt bei der Darstellung des Gegenstandes dessen Vergangenheit, dessen Transzendenz und dessen Zukunft aus. 439
Der Film dagegen verknüpft die Zeitlichkeit mit der Photographie; und in seinen besten Werken läßt er durch die bewegten Bilder hindurch die Transzendenz rinnen.

Unser Leben ist eine Anekdote, die unsere wahre Persönlichkeit verbirgt. 440
Kierkegaard hat recht: Das Innere ist nicht das Äußere. Aber wenn das Leben nicht Gelegenheit gibt zu Anekdoten, die wie die Plutarchischen das Wesen eines Menschen hervorleuchten lassen, lohnt sich die Mühe des Lebens nicht.

Der Anblick einer Niederlage ist vielleicht weniger melancholisch als der eines Triumphes. 440
Das gilt trivialerweise, wenn der Triumph unberechtigt ist. Aber selbst wenn beide Seiten gleiches Recht bzw. gleiches Unrecht haben, darf man eher hoffen, daß aus einer Niederlage, als daß aus einem Triumph gelernt wird, und auf das Lernen kommt es an.

Bei der Explosion einer Revolution stellen sich die Begierden in den Dienst der Ideale; beim Triumph der Revolution stellen sich die Ideale in den Dienst der Begierden. 441
Nach dem Ende einer geschichtlichen Katastrophe wie des Zweiten Weltkrieges stellten sich die Affekte in den Dienst der praktischen Vernunft; ist die Erinnerung an die Katastrophe nicht mehr lebendig, lösen die Affekte die Vernunft wieder ab. Hegel war zu optimistisch, als er schrieb, daß Menschen nicht aus der Geschichte lernen. Die Wahrheit ist bitterer: Sie lernen aus ihr, aber sie verlernen nach zwei Generationen wieder, was sie gelernt haben, und führen die inzwischen weiter entwickelte Menschheit in einen noch tieferen Abgrund.

Wer die Revolutionen verteidigt, zitiert Reden; wer sie anklagt, zitiert Fakten. 441
Wer das Christentum verteidigt, zitiert das Evangelium; wer es kritisiert, die Kirchengeschichte.

Das moderne Streben nach Originalität läßt den mittelmäßigen Künstler glauben, das Geheimnis der Originalität bestehe im bloßen Unterschied. 442
Originalität heißt Ursprünglichkeit; und ursprünglich ist nicht das Ich, das sein Trachten nach Originalität ohnehin nur dem Zeitgeist entnimmt, sondern die ideale Quelle aller Geltungen. Ohne einen Bezug auf sie ist jede noch so neue Differenz nichts wert.

Die eigenen Vorurteile verrohen nur denjenigen, der sie für Schlußfolgerungen hält. 443
Zwar sind zirkuläre Beweise für schon bestehende Grundüberzeugungen ein Zeichen von Rechthaberei und logischer Schlichtheit, aber sie weisen auf ein geistiges Bedürfnis, dessen völlige

Abwesenheit bei demjenigen, der sich frank und frei auf seine Vorurteile beruft, viel eher ins Tierreich gehört.

Nur den kann man wiederlesen, der mehr nahelegt, als er ausdrückt. 445
Nicht der allusive Stil allein lädt zur erneuten Lektüre ein; es genügt, daß der Text mehr enthält, als er explizit sagt – was auch immer des Autors Intentionen waren. Auch der Wissenschaftler, der nichts verbergen will, wickelt in seinen Text eine Fülle von Beziehungen ein, die er selber gar nicht entfalten kann.

Mehr noch als der beunruhigende Anblick triumphierenden Unrechts ist es der Kontrast zwischen der irdischen Zerbrechlichkeit des Schönen und seinem unsterblichen Wesen, dem die Hoffnung auf ein anderes Leben entspringt. 445
Ästhetische Argumente sollen über moralische nie die Oberhand gewinnen. Aber man darf gerne den unschuldigen Opfern der Geschichte einen ewigen Genuß des Schönen wünschen, der den Henkern versagt ist.

Nur die Religion kann populär sein, ohne vulgär zu sein. 446
Große Kunst von Homer bis Manzoni konnte es auch, solange sie einen gemeinsamen religiösen Hintergrund voraussetzen durfte.

Die subalternen Wahrheiten pflegen die höchsten Wahrheiten in den Schatten zu stellen. 447
Daher rührt das souveräne Ignorieren der kleinen Wahrheiten, und damit die Jenseitigkeit, ohne die man in der Jugend nicht zum Philosophen wird. Der reife Philosoph jedoch vermag das Ausstrahlen der höchsten Wahrheiten bis in die Details der Welt zu verfolgen. Er ist in ihr zu Hause, obwohl er eigentlich woanders ist.

Die Zweifel zerstreuen sich nicht einer nach dem anderen: Sie lösen sich in einem Krampf von Licht auf. 447
Der Krampf von Licht ist die Selbstaufhebungsfigur, die uns zeigt, daß jeder neue Zweifel an derselben performativen Inkonsistenz leiden muß.

Durchsichtig ist nur der Dialog zwischen zwei Einsamen. 447
Denn nur er ist ein Dyo-log, also ein Gespräch zwischen zwei Menschen, die Dritte weder im Blick noch im Hinterkopf haben.

Die heutigen Probleme in einem traditionellen Wortschatz zu formulieren beraubt sie falschen Ansehens. 448
Wer Altbekanntes in prätentiöser, weil überflüssiger Fachsprache verbreitet, macht sich nur der Wichtigtuerei schuldig; aber wer unter dem Glitter dieser Sprache bewährte Wahrheiten zersetzt, ist ein geistiger Giftmischer.

In spirituell verwüsteten Jahrhunderten begreift, daß das Jahrhundert dabei ist zu verdursten, nur derjenige, der noch unterirdische Gewässer zu fassen sucht. 448
Schlimmer noch als die geistige Öde ist das Fehlen jeden Leidens daran; denn damit ist jede Hoffnung auf Besserung zunichte geworden. Erst muß die Unterhaltungs- und Ablenkungsindustrie zugrunde gehen, bevor der spirituelle Durst wieder allgemein gefühlt werden kann.

Die letzte Wirklichkeit ist nicht die des Objektes, das die Vernunft konstruiert, sondern die der Stimme, der die Sinnlichkeit antwortet. 448
Als ob nicht »Stimme« eine Kategorie wäre und als ob man Laute als Verlautbarung anders identifizieren könnte als durch

Unterstellung von Vernunft! Freilich ist es richtig, daß die Vernunft nicht unsere Konstruktion ist; *sie* konstruiert uns, und wir sind nur, solange wir an ihr teilhaben.

Die Humanwissenschaften sind genau genommen keine inexakten Wissenschaften, sondern Wissenschaften des Inexakten. 448
Der intelligente und ehrliche Literaturwissenschaftler bietet eine nicht-ambigue Theorie der Funktionen von Ambiguität in der Literatur.

Das, was nahelegt, auf progressive und gewagte Meinungen Verzicht zu leisten, ist die Unvermeidlichkeit, mit der spät oder früh der Trottel sie schließlich vertritt. 449
Geltung hat nichts mit Genese und auch nichts mit Rezeption zu tun. Der Aphorismus beweist zu viel, denn er kann gegen jede erfolgreiche Weltanschauung gewendet werden, vom Christentum zum Hegelianismus.

Nachdem es erfahren hat, woraus eine Epoche besteht, die praktisch ohne jede Religion ist, lernt das Christentum, die Geschichte des Heidentums mit Respekt und Sympathie zu schreiben. 449
Selbst die Menschenopfer der Phönizier sind harmlos, ja würdevoll, wenn man sie mit den Hekatomben der Totalitarismen des 20. – und bald des 21. – Jahrhunderts vergleicht.

Gegenüber dem Marxismus gibt es zwei gleichermaßen irrtümliche Einstellungen: verachten, was er lehrt, glauben, was er verspricht. 449
Angesichts der menschlichen Natur ist es im allgemeinen empfehlenswerter, eher den negativen als den positiven Prognosen zu vertrauen. Das gilt ganz besonders für die ökologischen.

»Revolutionär« bedeutet heute ein Individuum, für das die moderne Vulgarität nicht mit ausreichender Schnelligkeit triumphiert. 450
Da ihr totaler Triumph ihr Untergang sein wird, dient der Revolutionär – ohne es zu wissen, versteht sich – der schnelleren Beseitigung der Vulgarität. Das Mittel der Vorsehung wird der ökologische Zusammenbruch der auf zehn Milliarden ausgedehnten Konsumgesellschaft sein.

Der Neid unterscheidet sich von den meisten Lastern durch die Leichtigkeit, mit der er sich als Tugend maskiert. 450
Die Maskierungsfreude des Neides hat drei Ursachen. Erstens baut der Neid zunächst auf einer kognitiven Leistung – der Anerkennung von Überlegenheit. Er ist also im Ausgang intelligenter als die meisten anderen Laster. Da aber diese Erkenntnis den, der nicht bewundern oder gar lieben kann, quält, muß er zweitens sich selbst dahingehend belügen, der andere sei in Wahrheit gar nicht überlegen. Wer aber es schafft, sich selbst zu betrügen, für den ist es ein Kinderspiel, auch andere zu hintergehen. Drittens kann die Gehässigkeit gegen den Beneideten leicht als demütiger Dienst an der allgemeinen Gleichheit ausgegeben werden, manchmal sogar als heilsame pädagogische Maßnahme, die nur im Interesse des sich überlegen Gerierenden sei.

Wenn der Rausch der Jugend vorbei ist, scheinen uns nur die Gemeinplätze sorgfältige Prüfung zu verdienen. 452
Mit der Veränderung der Proportion der noch erwarteten zu der schon gelebten Zeit, die ab der Mitte des Lebens kleiner als 1 wird, verändert sich unsere Neugierde, ja unsere Geduld gegenüber dem ganz Anderen. Selbst wenn wir es nicht für absurd halten, wissen wir, daß wir es nicht mehr in unser Weltbild integrieren können, ignorieren es also teils aus objektiven,

teils aus subjektiven Gründen. Bedeutend freilich ist derjenige Geist, der in der ersten Lebenshälfte so viele Kategorien und Gesichtspunkte erworben hat, daß er sich immer noch auf sehr viel mehr als auf die Gemeinplätze einzulassen vermag.

Sogar dumme Ideen zu tolerieren mag eine soziale Tugend sein; aber es ist eine Tugend, die spät oder früh ihre Strafe erhält. 452
Die Strafe ist fürchterlicher, wenn das Tolerieren nicht im bloßen Ignorieren, sondern im Kokettieren mit den Dummheiten bestand.

Nie habe ich den Anspruch gehabt zu erneuern, sondern nur, das Vorschreiben nicht aufzugeben. 452
Vornehmer ist es, wenn man nicht einmal vorschreibt, sondern nur auf die Werte verweist, aus denen dann die Normen von selber folgen.

Durch das Anzeigen von Korruption verbreitet die Werbung der Presse jene. 453
Skandale aufdecken soll man für den Staatsanwalt, nicht um das Publikum aufzugeilen. Immerhin hat die Demokratisierung des Internets dazu geführt, daß der Journalist seltener vor einer Gewissensentscheidung steht, ob er über Vergehen berichten soll, da der Psychopath seine Verbrechen gleich selber streamt.

Mehr als die Immoralität der gegenwärtigen Welt ist es ihre zunehmende Häßlichkeit, die einen anregt, an den Mönchsstand zu denken. 453
Der wird kein guter Mönch, der es aus ästhetischen Gründen wird.

Die Riten bewahren, die Predigten untergraben den Glauben. 454
Daß Riten eher das Verhalten leiten als Reden, ist eine anthropologische Wahrheit. Aber wer auf die intellektuelle Deutung der Riten Verzicht leistet, ist Heide und nicht Christ, dessen Gott der Logos ist.

Die menschliche Wärme in einer Gesellschaft nimmt in dem Grade ab, in dem sich ihre Gesetzgebung vervollkommnet. 454
Aber es ist nur Gott gestattet, deswegen die Vervollkommnung der Gesetzgebung zu hintertreiben.

Alles, was auf ein System zurückgeführt werden kann, endet in dummen Händen. 457
Man unterschätze den Griff der Dummen nicht – er erstreckt sich auch auf Aphorismen.

Viele sind die Dinge, vor denen man lernen muß zu lächeln, ohne unehrerbietig zu sein. 457
Die katholische Religion ist, wie alle Religionen, eine wahre Schatzkammer solcher Dinge.

Die klassischen Altertumswissenschaften erziehen, weil sie die elementaren Postulate des modernen Geistes ignorieren. 458
Sie erziehen nicht so sehr, weil sie eine Alternative zur Gegenwart bieten – suchte man eine solche, könnte man auch Akkadisch oder Sanskrit lernen –, sondern weil sie mit einer Form des rationalen Denkens vertraut machen, die die Verkürzungen des modernen Rationalismus vermied und sich deswegen noch in vollkommener Weise in der Kunst ausdrücken konnte.

Der Mensch bemüht sich zu beweisen, um das letztlich unumgängliche Risiko zu umgehen, Annahmen zu machen. 458

Der religiöse Mensch will beweisen, um die Vielheit auf die Einheit zurückzuführen.

Auch wenn die patriotischen Geschichtsschreiber sich empören, entbehrt doch die Geschichte vieler Länder völlig des Interesses. 458
Und man ehrt die Angehörigen dieser Länder (z. B. auch diejenigen eines bisher weniger kreativen Geschlechts), wenn man ihnen unterstellt, sie wollten nicht so sehr die eigene Tradition fortsetzen als vielmehr das Bessere studieren.

Der Moderne glaubt in einem Meinungspluralismus zu leben, während doch, was heute vorherrscht, eine erstickende Einmütigkeit ist. 459
Man werfe der Postmoderne ja nicht grenzenlose Beliebigkeit vor! Gewiß, in ihrem Freizeitpark ist jede noch so abartige Meinung herzlich willkommen – doch wer eine Rangordnung unter den Meinungen aufstellt und dies sogar für mehr als eine Meinung hält, wird unnachsichtig vertrieben. Immerhin hat auch Platon neben dem Marquis de Sade eine Chance, wenn er sich von Derrida interpretieren läßt.

Was Menschenkenntnis betrifft, gibt es keinen Christen (den progressiven Christen stets ausgenommen), dem jemand etwas beibringen könnte. 459
Dafür bedarf der Christ dringend einer philosophischen Theologie, die ihm die Bibel nicht vermittelt.

Die Resultate der modernen »Befreiung« lassen uns mit Nostalgie an die abgeschafften »bürgerlichen Heucheleien« zurückdenken. 460
Wer den moralischen Gedanken nicht zu fassen vermag, daß Ehrlichkeit nicht die einzige Tugend und Heuchelei nicht das

einzige Laster ist, kann vielleicht durch das ästhetische Argument überzeugt werden, daß das offene Ausleben der eigenen Triebe die Welt nicht schöner gemacht hat.

Man nennt die Krönung des Mittelmaßes »Förderung der Kultur«. 460
Möglichst viele zu den Segnungen der Kultur emporzuheben wird nicht dadurch am effektivsten erreicht, ja vielleicht sogar konterkariert, daß man die kulturellen Standards auf das Niveau des bescheidensten Intellektes senkt.

In der Philosophie genügt manchmal eine einzige naïve Frage, damit ein ganzes System einstürzt. 460
Beim naiven Theismus leistet dasselbe Freitags Frage: Warum stoppt Gott den Teufel nicht?

Unsere Meditation soll nicht in einem Thema bestehen, das der Intelligenz vorgesetzt wird, sondern in einem geistigen Brausen, das unser Leben begleitet. 460
Den wahren Philosophen erkennt man nicht so sehr an seinen expliziten Ideen als an der Art, wie er den gewöhnlichsten Tätigkeiten nachgeht, vom Sich-Verlieben über die Erziehung der Kinder bis zum Abschied von Sterbenden.

Von den schlimmsten individuellen und sozialen Katastrophen pflegen die Opfer kein Bewußtsein zu haben: Unbewußt verrohen die Individuen und erniedrigen sich die Gesellschaften. 461
Am allerschlimmsten sind die Verrohungen und Erniedrigungen, die vom Gefühl begleitet werden, jetzt werde das eigene Land erst richtig groß gemacht.

Weder die Improvisation an sich noch die Meditation an sich erreichen Großes.
In Wirklichkeit gilt nur die spontane Frucht vergessener Meditationen. 461
Die eigentliche Kunst des Genies besteht darin, instinktiv zu wissen, wann es das Nachdenken über eine Aufgabe unterbrechen muß, damit unbewußt und ungewollt ihre Lösung heranreifen kann.

Es fiel der modernen Ära das Privileg zu, die Demütigen zu korrumpieren. 462
Die Demut auszutreiben galt als notwendig, um die Ausbeutung der sozial Schwachen zu beenden. Aber ihre Austreibung ohne adäquaten Ersatz hat nun alle in Möchtegern-Ausbeuter verwandelt.

Ich habe die Philosophie allmählich zwischen meiner Skepsis und meinem Glauben verschwinden sehen. 462
Ich habe die Philosophie allmählich die Skepsis verdrängen und den Glauben neu aus sich generieren sehen.

Es ist in Ordnung, von dem Trottel zu fordern, daß er Künste, Literatur, Philosophie und Wissenschaften respektiere, aber er tue das schweigend. 463
Und auch derjenige, der kein Trottel ist, überlege es sich zweimal, bevor er jemanden lobt, der ihm deutlich überlegen ist.

Das Individuum zu erziehen besteht darin, ihm beizubringen, den Ideen, die ihm einfallen, zu mißtrauen. 463
Aus Gerechtigkeitssinn wird er aber dann auch denen der anderen mißtrauen, und wenn er sie widerlegt hat, darf er auf die eigenen zurückkommen.

Die Monarchen sind in fast jeder Dynastie so mittelmäßig gewesen, daß sie wie Präsidenten erscheinen. 464
Aber die meisten Präsidenten haben so schlechte Manieren, daß man bald merkt, daß sie keine Monarchen sind.

Nur die Jahre lehren uns, taktvoll mit unserer Unwissenheit umzugehen. 464
Gegenüber den eigenen Schwächen braucht man noch mehr Takt als gegenüber denen anderer, denn man ist ihnen ständig ausgesetzt. Wer ihn nicht hat, beginnt nach Komplimenten zu fischen.

In den Humanwissenschaften gibt es eine Fülle von Problemen, die ihrer Natur nach sowohl dem nordamerikanischen Professor als auch dem marxistischen Intellektuellen unverständlich sind. 465
Daß der Fortschrittsgläubige konstitutionell außerstande ist, eine Verlustrechnung des Fortschritts aufzumachen, ist das stärkste Argument derjenigen, die am Fortschritt zweifeln oder gar verzweifeln.

Die Bruchstücke der Vergangenheit, die überleben, beschämen die moderne Landschaft, innerhalb deren sie sich erheben. 466
Das gilt für die Philosophie nicht weniger als für die Architektur.

Im Glauben gibt es einen Teil, der Intuition, und einen Teil, der Wette ist. 466
Pascal in Ehren, aber wer in der Religion wetten will, verwechselt sie mit einem Pferderennen.

Der demographische Druck erzeugt Verrohung. 467
Die Weigerung der traditionellen Religionen, diesem Druck entgegenzutreten, mag zwar zu mehr Gläubigen führen, aber er führt sicher zu einer roheren Religion.

Der Neid ist Schlüssel zu mehr Geschichten als der Sex. 467
Zumindest zu interessanteren Geschichten. Denn wenn Neid entsteht, ist oft Größe im Spiel, beim Sex relativ seltener. Man findet leichter einen asexuellen als einen unbeneideten großen Menschen.

»An den Menschen zu glauben« schafft es nicht, eine Blasphemie zu sein; es ist nur eine weitere Torheit. 468
Aber diese Torheit wird kriminell, wenn sie beim Bau einer Verfassung auf Mechanismen der Gewaltenteilung verzichtet.

Wir wissen im Grunde nur das, von dem wir fühlen, daß wir es unterrichten können. 468
Es ist nie der soziale Akt, der epistemische Qualitäten rechtfertigt; aber es ist der soziale Akt, in dem sie sich bewähren.

Die Kirche erzog; die Pädagogik der modernen Welt unterrichtet nur. 468
Der Unterricht ist auf das Funktionieren der sozialen Maschinerie bezogen; die Erziehung reicht in eine transzendente Dimension. Paradoxerweise funktioniert auch die soziale Maschinerie auf die Dauer nicht ohne Bezug auf letztere.

Seine Widersprüche definieren das Individuum weniger als die Art und Weise, wie es sich an sie anpaßt. 469
Kein Philosoph schafft es, ohne Widersprüche zu denken, wenigstens solange er ehrlich die Phänomene aufnimmt; und an der Weise, wie er mit ihnen umgeht, zeigt sich, welcherart Denker er ist. Er kann sich belügen und bestreiten, daß es Widersprüche gibt; er kann Evidentes leugnen, um sie schnell loszuwerden; er kann sich in den Widersprüchen suhlen und sie etwa als Ausdruck gesellschaftlicher Widersprüche goutieren;

er kann an ihnen leiden und mit langem Atem Strategien entwickeln, um sie einmal aufzulösen.

Thesen werden nur dann mit Klarheit dargelegt, wenn es ihnen passiert, daß ein intelligenter Mensch sie darlegt, der sie nicht teilt. 469
Aphoristikern kann nichts Besseres geschehen, als daß sie auf Gegenaphoristiker treffen.

Was die Religion diskreditiert, sind nicht die primitiven Kulte, sondern die nordamerikanischen Sekten. 470
Die voraxialen Religionen haben das Soziale vergöttlicht; das war barbarisch. Aber die protestantischen nordamerikanischen Sekten vergöttlichen das Individuum; das ist noch furchtbarer.

In der modernen Gesellschaft ist der Kapitalismus die einzige Barriere gegen den spontanen Totalitarismus des industriellen Systems. 470
Da er die Effizienz der Produktion erhöht, ist der Kapitalismus keine Barriere, sondern der Beschleuniger des industriellen Totalitarismus.

Die moderne Welt ergab sich aus dem Zusammenfluß dreier unabhängiger kausaler Ketten: der demographischen Expansion, der demokratischen Propaganda, der Industriellen Revolution. 473
Das Fehlen des Kapitalismus in dieser Ätiologie der Moderne spricht Bände.

Die so sehr besungene »Herrschaft des Menschen über die Natur« erwies sich nur als eine unermeßliche Fähigkeit zum Töten von Menschen. 474
Das folgt einfach daraus, daß der Mensch zur Natur gehört und der Mitmensch einen an der Herrschaft über die Natur hindern kann.

Es ist nicht einfach so, daß sich menschlicher Müll in den Städten ansammelt, es ist so, daß die Städte das in Müll verwandeln, was sich in ihnen ansammelt. 476

Ob der postmoderne Kulturbetrieb mehr Müll anzieht oder mehr selber hervorbringt, gehört zu den Rätseln, die ich gerne unentschieden lasse.

Wir danken dem Karolinger Verlag in Wien, dem Inhaber des Copyrights am Werk von Nicolás Gómez Dávila für alle Sprachen außer der spanischen, für die freundliche Gewährung der Rechte.

Vittorio Hösle, geboren 1960, studierte Philosophie, Wissenschaftsgeschichte, Klassische Philologie und Indologie. Er hatte Professuren an der New School for Social Research, New York, in Essen und in Hannover inne sowie Gastprofessuren u. a. in Ulm und an der ETH Zürich. Im Jahr 1999 nahm er einen Ruf auf einen Lehrstuhl an der University of Notre Dame, Indiana, an, wo er seither lehrt. Er hat zahlreiche Schriften veröffentlicht und gilt als einer der herausragenden Vertreter der philosophischen Richtung des objektiven Idealismus.

Nicolás Gómez Dávila wurde 1913 in Cajica, Kolumbien, geboren. Als er das schulfähige Alter erreicht hatte, verlegten seine Eltern den Wohnsitz der Familie nach Paris, um ihm eine humanistische Ausbildung zuteilwerden zu lassen. Eine Universität hat er nie besucht, er blieb zeit seines Lebens Autodidakt. Nach Kolumbien kehrte er in den dreißiger Jahren zurück. Bis zu seinem Tod im Jahr 1994 lebte er als Privatgelehrter in Bogotá.

Gómez Dávilas philosophische Schriften weisen ihn als scharfen Kritiker der Moderne und ihrer Ideologien aus. Sein essayistisch-aphoristisches Werk hat insbesondere in Deutschland große Beachtung gefunden.

Alexander Grau

Entfremdet

Zwischen Realitätsverlust und Identitätsfalle

zu Klampen Essay
Herausgegeben von Anne Hamilton

Zweite Auflage
Hardcover, 11,5 × 18,5 cm, 128 Seiten
ISBN 978-3-86674-804-0

Der Begriff der Entfremdung, ursprünglich ein Grundpfeiler marxistischer Theorie, ist in den vergangenen Jahrzehnten aus der Mode gekommen. Zu Unrecht. In einer Gesellschaft, in der Selbstfindung und Selbstsuche religiösen Status erlangt haben, persönliche Befindlichkeiten einen höheren Stellenwert genießen als wissenschaftliche Erkenntnis und in der mit individuellen Abneigungen und Vorlieben Politik betrieben wird, erscheint dieser Begriff aktueller denn je.

Der vorliegende Essay untersucht die verschiedenen Ausformungen des entfremdeten Lebens und geht seinen sozialen, technischen und ideologischen Ursachen auf den Grund. Das Ergebnis ist die schonungslose Analyse einer Gesellschaft zwischen Realitätsverlust, Identitätswahn und Hybris.

Christoph Türcke

Quote, Rasse, Gender(n)

Demokratisierung auf Abwegen

Zweite Auflage
Hardcover, 11,5 × 18,5 cm, 120 Seiten
ISBN 978-3-86674-810-1

In Parlamenten und Betrieben, in Vorständen, Parteien und Universitäten – wo die Frauenquote nicht schon gilt, soll sie bald kommen. Aber noch bevor sie flächendeckend durchgesetzt ist, ist sie bereits überholt. Denn steht Diversen, People of Color, Juden, Muslimen, Menschen mit Behinderung nicht ebenso eine paritätische Vertretung zu wie Frauen?
Wie die jüngere Frauen- und Queer-Bewegung ist auch der neue Antirassismus in erster Linie auf Parität aus. Gleichstellung gilt nicht als der Zustand, in dem man frei davon wird, länger auf die Verschiedenheit von Ethnie, Hautfarbe und sexueller Orientierung zu starren, sondern als der, in dem sie maximal sichtbar wird. Die basisdemokratische Gleichstellungsbewegung läuft auf immer kleinteiligere Kämpfe um Sichtbarkeit, Quoten und Finanzmittel hinaus. Und eine Sprache, die stets alle sichtbar machen soll, versinkt in Sprachverwirrung. Ein neues Stadium gesellschaftlichen Zerfalls kündigt sich an.

»Wie Fundamente aus dem Blick geraten, auf denen demokratisches Gemeinwesen beruht, ist in diesem klugen Band zu erfahren.« *Jungle World*

2022
zu Klampen Verlag
Röse 21 · D-31832 Springe
info@zuklampen.de · www.zuklampen.de

Umschlaggestaltung: Martin Z. Schröder, Berlin
Satz: textformart, Göttingen
Gesetzt aus Arno Pro
Druck: CPI – Clausen & Bosse, Leck

ISBN 978-3-86674-833-0

Bibliographische Information der
Deutschen Nationalbibliothek:
Die Deutsche Nationalbibliothek
verzeichnet diese Publikation in der
Deutschen Nationalbibliographie;
detaillierte bibliographische Daten
sind im Internet abrufbar:
http://dnb.d-nb.de